40년간 평생교육사의 길을 열고 만들어온
평생교육사의 이야기

평생교육사의
탄생과 역사
(1)

40년간 평생교육사의 길을 열고 만들어온
평생교육사의 이야기

평생교육사의
탄생과 역사
(1)

김영옥 지음

우리가 걸어가면 길이 됩니다.

도서
출판 더로드
The Road Books

머리글

여러분! 지금 어떤 공부를 하고 계십니까?

영유아가 다닐 수 있는 도서관, 문화센터를 비롯하여 대학평생교육원, 평생학습관, 복지관, 주민센터, 아파트 커뮤니티센터, 마을 도서관, 마을회관, 경로당, 공방, 기술학원, 카페 등 에서 영유아부터 100세에 이르기까지 배움을 멈출 줄 모릅니다. 배울 수 있는 공간만 있으면 서로 배우고 가르치는 평생학습시대가 열린 것입니다.

평생학습시대를 체감하는 이유를 구체적으로 말씀드려 보겠습니다.

첫째, 2024년 기준 전국 기초자치단체 226개중 평생학습도시가 198개나 되었기 때문입니다. 이는 전국 기초자체단체의 87.6%가 평생학습도시 체제를 구축한 것입니다. 평생학습도시는 교육부에서 지자체를 대상으로 2001년부터 지정하였으며 언제, 어디서나, 누구나 원하는 학습을 즐길 수 있는 도시를 말합니다. 따라서 전국 평생학습도시들이 평생학습 통해 개인의 자아실현, 사회적 통합증진, 경제적 경쟁력을 제고하여 궁극적으로 개인 삶의 실 제고와 도시 전체의 경쟁력을 향상시키고자 노력하고 있다는 것입니다.

둘째, 국민들이 평생학습권을 보장받을 수 있도록 평생교육법이 강화된 것입니다. 1980년 8차 개정 헌법에 평생교육 조항이 삽입되면서 「헌법」 제31조 제5항에 "국가는 평생교육을 진흥하여야 한다"고 규정하고 있습니다. 「교육기본법」 제3조에서는 "모든 국민은 평생에 걸쳐 학습하고, 능력과 적성에 따라 교육받을 권리를 가진다"라고 명시하며 국민의 평생학습권을 강조하고 있습니다. 국가는 헌법에 명시한 평생교육의 진흥에 관한 책무를 완수하기 위해 1982년 12월 31일에 사회교육법을 제정하였습니다.

사회교육법은 공적 차원에서 사회교육 진흥을 도모할 수 있는 법률적 근거 제공, 사회교육 관련 활동들을 법적으로 보호하고자 했다는 점에서 의미가 있었습니다. 이후 평생교육에 대한 시대적 요구에 따라 사회교육법을 폐지하고 1999년 8월 12일 평생교육법으로 전부 개정하게 됩니다.

평생교육법으로 개정되면서 사회교육전문요원도 평생교육사로 명칭이 변경됩니다. 이에 동일한 명칭이므로 편의상 사회교육전문요원을 평생교육사로 표기하기도 하겠습니다.

평생교육법은 "평생교육센터", "평생교육정보센터", "평생학습관"을 국가와 지방에 설치하도록 되어 있으며, 평생교육 시설을 세분화하였습니다.

2001년부터 구축해온 평생학습도시가 증가하면서 2007년 11월 22일 국가, 광역지자체, 기초지자체까지 평생교육 전담기구를 설치 운영할 수 있도록 평생교육법을 전면 개정하였습니다. 이로써 국가에서 기초지자체까지 이어지는 평생교육체계를 구축하게 되었습니다. 또한 도서관, 복지관, 문화원, 박물관, 사내 시설 등 타법령에 의한 평생교육 시설까지 운영지원을 강화하였습니다. 전면 개정된 평생교육법은 2008년부터 효력을 발생하면서 평생교육이 전국으로 확산되었습니다. 이후 국민의 평생학습 요구와 사회변화에 대응할 수 있도록 평생교육법이 여러 차례 개정되고 신설되는 등 평생교육이 점점 활성화되고 있는 것을 알 수 있습니다.

셋째, 주민 누구나 근거리에서 학습할 수 있고 평생교육 소외계층에게 우선적으로 평생교육이용권을 발급할 수 있게 되면서 국민의 평생학습 지원이 이루어지고 있습니다. 또한 비문해자, 장애인, 노인 대상 평생교육 법이 강화되면서 평생교육 소외계층의 평생학습권 보장이 가능해지고 있습니다.

2014년 평생교육법에 읍면동 평생학습센터 운영 조항이 신설, 2023년

의무사항으로 개정되면서 시장·군수·자치구의 구청장은 읍·면·동별로 주민을 대상으로 하여 평생교육프로그램을 운영하고 상담을 제공하는 평생학습센터를 설치하거나 지정하여 운영하여야 합니다. 이에 각 지자체는 조례를 제정하고 읍면동 평생학습센터 운영에 박차를 가하고 있습니다. 국가와 시도가 문해교육센터를 설치하고 문해교육종합정보시스템을 구축·운영할 수 있는 기반을 마련함으로써 기초문해부터 학력인정 문해교육까지 활성화되었습니다. 국가는 장애인평생교육진흥센터를 설치하고 장애인 평생학습도시를 지정 및 지원하고 있으며, 노인 평생교육과정을 설치·운영할 수 있는 조항도 신설하였습니다.

넷째, 대학이 평생교육원 운영에 국한하지 않고 학령기 이후 성인학습자들이 학위를 취득하는 고등평생교육체제로 전환하고 있습니다. 대학평생교육은 사회교육법 제 24조 1항에 대학부설 사회교육원을 의무화함으로써 본격적으로 시작되었다고 할 수 있습니다. 1980년대 후반부터 대학 평생교육원이 설치되기 시작하면서 1990년대에 양적으로 팽창하게 됩니다. 1999년 평생교육법으로 전부 개정되면서 대학평생교육이 학점, 학위, 자격을 부여할 수 있게 되었습니다.

국가는 대학을 평생교육의 중심으로 육성하기 위해 2008년 '평생학습 중심대학 육성사업'을 추진하기 시작하였습니다. 이후 '평생교육 단과대학 지원사업', '대학의 평생교육체제 지원사업'으로 발전하게 됩니다. 평생교육체제 대학은 성인학습자들이 다시 대학에 들어와 역량을 개발하고 사회에서 활용할 수 있도록 지역 수요에 맞는 다양한 학과를 개설하고 있습니다. 일과 학습을 병행할 수 있도록 유연한 학사제도와 다양한 수업방식을 도입하는 등 성인학습자 중심의 평생교육체제로 체질을 개선하고 있습니다. 따라서 2024년 12월 초고령사회로 접어든 시점에서 대학이 전통적인 학령기 학생만이 아니라 성인학습자들이 연령에 제한 없이 대학에서 비학위 과정과 학위 과정을 넘나들며 인생을 설계하는 변화가 일어나게 된 것입니다.

이처럼 우리는 평생교육시대에 살고 있습니다.

평생교육 시대를 열리게 한 사회교육법이 제정된 1982년!

저는 청주사범대학 교육학과에 입학하였으며, 사회교육법에 의해 대학에 개설된 사회교육전문요원 자격과정을 이수하고 1987년 사회교육전문요원(평생교육사) 자격을 취득하였습니다.

교원자격증이 쓰여질 것이라 생각하고 4년간 공부를 하였는데 보험 들듯이 취득한 평생교육사 자격증이 39년 동안 평생 직업을 갖게 해줄줄이야 ....

1982년 사회교육법이 제정된 후 국가는 1986년 사회교육전문요원(평생교육사)를 처음 배출 했었기 때문에 1987년 사회교육전문요원이란 자격증은 생소하였습니다. 대학을 졸업하고 조교 생활을 하다가 드디어 사회교육전문가로 사회에 진출하였는데 우리나라에서 처음으로 생긴 자격증이다 보니 지인들에게 직업을 설명하기가 쉽지 않았습니다. 더군다나 근무지가 주성초등학교 교무실이었으니까요.

이처럼 평생교육을 추진할 별도의 사무실이 없이 1987년 당시 충북 평생교육 기관장을 겸직하고 있는 주성초등학교 교장선생님 근무지에 사무실을 두다보니, 저는 주성초등학교 교직원과 함께 지내며 평생교육 업무를 추진할 수 밖에 없었습니다.

대학을 졸업하고 20대에 주성초등학교에서 평생교육을 시작하여 39년

간 쉬지 않고 평생교육사의 길을 걸어왔습니다. 평생교육사 자격 과정을 시
작한 대학교 2학년부터 40년이란 시간을 돌이켜보니, 제가 평생교육 현장
에서 펼쳐온 일들이 평생교육의 역사가 된 것을 느끼게 되었습니다.

우리나라 평생교육 역사!

평생교육에 목적을 두고 사업을 추진해온 우리나라 평생교육 기관단체
의 역사를 살펴보겠습니다.

사회교육법이 제정되기 전, 1969년 한국지역사회학교후원회가 조직되
어 전국지부를 설치하고 유급 직원을 채용하여 초중등학교를 중심으로 평
생교육을 펼쳐온 것을 알 수 있습니다.

특히 기업가인 현대그룹 정주영 회장님이 초대회장으로서 평생교육 발
전에 큰 기여를 하였습니다. 제가 입사해 업무를 추진할 당시 서울사범대학
장님이셨던 김종서 교수님, 백명희 이화여대 사범대학장님, 황종건 교수님,
정원식 교육부장관님, 김신일 서울사대 교수님, 이상주 강원대 총장님, 한
준상 연세대 교수님, 그리고 김인자 서강대 교수님, 최일섭 서울대 교수님,

주성민 총무님, 김근세 충북협의회장님 등 많은 분들이 임원으로 활동하였습니다.

또한 1966년 한국교육학회 사회교육연구회(회장 황종건)로 출발하여, 1991년부터 학술지를 정기적으로 발간하기 시작했고, 1995년에는 연구회를 학회로 확대 개편한 것을 알 수 있습니다.

그리고 1976년 한국사회교육협의회 명칭으로 창립된 한국평생교육연합회가 평생교육 관계자들의 전문성을 함양하고, 평생교육기관 및 단체 간 협력 증진과 회원 상호 간의 연대를 통해 한국 평생교육 진흥에 힘써왔습니다.

사회교육법이 제정된 1980년대에는 한국지역사회학교후원회가 전국 시도에 지역협의회를 조직하고 교육청과 협력하여 전국 초중등학교를 평생교육의 장으로 만드는 일에 주력하였습니다.

또한 1989년 한국문해교육협회가 발족되어 비문해자의 학습권 실현에 앞장서 왔습니다.

1990년대 중반 이후에는 교육청 산하 도서관이 평생교육정보센터로서 허브 역할을 하였습니다. 이 시기에 한국지역사회교육협의회는 전국 지방조직을 통해 부모교육을 비롯한 다양한 평생교육지도자를 양성하여 학교, 도서관 등 각 교육기관단체에 평생교육을 프로그램을 지원하는 업무와 도서관 지원 사업에 주력했습니다. 또한 1999년 전국기초문해교육협회가 조직되어 소외된 비문해학습자들에게 문해기초교육의 기회를 제공하고 문해교육기관과 문해교육프로그램의 운영을 지원하였습니다.

2000년대에 접어 들면서 교육부는 평생교육의 중심을 시군구 지자체에 두고 사업을 추진하게 됩니다.

지자체가 평생학습도시로 선정되면서 평생교육이 전국으로 확산하게 됩니다. 지자체는 평생교육시설을 마련하고, 평생교육사 공무원 채용 등 인력 및 예산을 확보하고 모든 시민에게 평생학습을 지원할 수 있도록 시스템을 구축하게 됩니다. 지자체의 평생교육 진흥에 관한 사항은 평생교육법 조항에 명시하고 있고 지자체는 조례로 제정하고 있습니다. 국가는 평생교육의 영역을 기초문해교육, 학력보완교육, 직업능력교육, 문화예술교육, 인문교양교육, 시민참여교육, 성인진로설계교육 등으로 분류하고 지역 주민이 언제 어디서나 배우고 성장할 수 있도록 지원하고 있습니다.

그리고 2002년 이규선 회장을 중심으로 한국평생교육사협회가 발족하게 됩니다. 평생학습도시에서 평생교육사 공무원을 채용하기 시작하던 시기였기에 협회는 평생교육사 연수 등 평생교육사의 권익 신장을 위한 사업을 추진하게 됩니다. 2012년부터 광주지역 평생교육사협회를 시작으로 경기도 지역 협의회, 2016년 충북평생교육사협회(초대회장 김영옥) 등 전국 지부가 조직 되면서 권익신장, 전문성 향상, 정책 연구, 평생교육 진흥 등 평생교육사협회의 기능이 강화되었습니다.

2007년 평생교육법이 대폭 개정되면서 교육부 산하의 평생교육진흥원(1대 원장 박인주), 시도평생교육진흥원, 시군구 평생학습관으로 연결되는 평생교육체제를 갖추게 됩니다. 교육부 산하 평생교육진흥원은 2대 최운실 원장님이 재직 시기에 국가평생교육진흥원으로 명칭을 변경하면서 국가, 광역 시도, 시군구 지자체 이렇게 정부 조직의 평생교육 전담 기구가 설립되면서 국민의 평생교육이 활성화하게 되는 계기가 되었습니다.

2008년 교육부는 평생학습 중심대학을 도입하고 대학을 지역사회 평생교육 거점 대학으로 육성하기 시작했습니다. 그리고 2013년 교육부는 학위과정과 비학위과정 50개교를 평생교육 중심대학으로 선정하면서 직업계고

졸 재직자를 대상으로 학사 학위를 주는 성인대학 활성화에 주력하게 됩니다. 당시 서원대학교(손석민 총장님)는 경영학, 사회복지학 학위과정을 개설하게 됩니다. 교육부는 이렇게 학위과정과 비학위과정 등을 지원해오다가 2017년부터 본격적으로 대학의 평생교육체제제 지원사업을 지원하게 됩니다. 선정된 대학은 성인학습자를 대상으로 학과형, 학부형, 단과대학형 등 다양한 형태로 학위과정을 운영합니다. 이 때 서원대학은 성인단과대학형으로 선정되어 성인학습자를 대상으로 학사학위 과정을 확고하게 구축하게 됩니다. 이어 LIFE사업(김영미 단장님)으로 전환되었으며 교육부는 2023년 LIFE 2주기 사업에 서원대학교 등 49개교가 선정하였습니다. 성인학습자가 학사 학위 취득하는데 어려움이 없도록 평생교육체제로 체질을 개선하는 대학이 늘어나게 되었습니다. LIFE사업이 종료되는 시점인 2025년 6월부터는 지자체와 협력하여 지역혁신중심 대학지원체계(RISE) 구축을 통해 성인 단과대학 활성화는 물론 생애주기별 직업·평생교육 앵커대학으로 육성하는 시점에 와있습니다.

이러한 평생교육 역사 속에서 1984년 평생교육사 자격 과목을 수강하기 시작하여 평생교육사 자격을 취득하고 평생교육 불모지이던 1987년부터 평생교육사로 활동하게 됩니다. 정주영 회장님이 운영했던 한국지역사회교육후원회 충북지회를 시작으로 도서관 평생교육 실무, 지자체 공무원으로 평생교육사 직무를 수행해 왔습니다. 2014년 서원대학교 교수로 임용되어 대학을 평생교육체제로 활성화하는 역할과 평생교육사를 양성해왔습니다. 2021년 평생교육 석사, 2023년 평생교육 박사과정이 개설(김정진 주임교수님)되면서 석박사 양성 과정에 함께해왔습니다. 2023년부터는 성인학습자 단과대학(최흥렬 학장님)에 평생교육 전문가를 양성하는 라이프설계전공을 개설하고 주임교수로서 학사 운영과 평생교육 연구에 주력해오고 있습니다.

이처럼 평생교육사가 탄생하던 시점부터 40여년간 평생교육의 길을 열고 만들어 온 평생교육사의 인생이 평생교육의 생생한 역사가 될 수 있다고 생각하여 기록하게 되었습니다.

평생교육사의 탄생과 역사는 시리즈로 출간할 계획입니다. 우선 1권과 2권에는 초중등학교를 중심으로 평생교육을 실천했던 이야기와 당시 평생교육의 이론을 정립하고 실천방안을 모색해왔던 학자와 실천가의 글을 실었습니다.

평생교육에 다가가고 실천하시는 모든 분들이 평생교육의 가치와 중요성을 되새기는 시간이 되었으면 하는 바램으로 제가 경험한 평생교육사 현장의 소리를 담고자 하오니 평생교육사의 여정에 함께 해주시면 감사하겠습니다.

2025년 2월
서원대학교 행정관 연구실에서
김영옥

추천의 글

평생교육이라는 개념조차 자리 잡지 않았던 50여 년 전, 교육은 여전히 학교 울타리 안에 머물러 있었습니다. 그러나 그 때에도 지역사회학교운동은 학교의 문을 지역으로 개방하고 교육의 경계를 넘어서고 있었습니다. 하루 8시간 사용하던 학교를 16시간 개방하여 학생과 지역주민이 함께 배우는 공간으로 전환하자는 '지역사회학교운동'은 단순한 제도 개선을 넘어, 학습을 삶의 현장으로 확장한 시대의 선구적 실천이었습니다. '지역사회학교운동'은 학교라는 물리적 공간을 넘어, 지역의 모든 교육 자원을 연계하고 주민의 삶 전반에 관여하는 확장된 실천 모델이었습니다. 중앙대 이희수 교수의 언급처럼 "지역사회교육은 평생교육의 원형"이며, 이러한 실천 철학은 오늘날 평생교육의 핵심 기반이 되었습니다. 이렇게 정립된 개념과 실행의 결합이 바로 '지역사회교육'이며, 이는 교육의 주체를 학교에서 지역으로 이동시키고, 일상 속에서 배움이 이루어지는 환경을 조성하는 데 중대한 전환점이 되었습니다.

『평생교육사의 탄생과 역사』는 이러한 지역사회학교운동의 출발점부터, 평생교육사 제도의 성립과 지역사회교육이 평생교육으로 전국 확산된 흐름을 섬세하게 담아낸 역작입니다. 특히 이 책은 '좋은 가정 만들기', '좋은 학교 만들기', '좋은 지역사회 만들기'라는 실천목표 아래 부모교육, 학부모 참여, 지역 맞춤형 프로그램 등이 어떻게 전개되었는지를 구체적으로 조망하며, 평생교육이 제도에 머무르지 않고 사회 전체의 변화와 연결되는 과정임을 입증하고 있습니다.

1권은 '평생교육사의 제도화'와 '조직 기반의 확산'을 중심으로 구성되어 있습니다. 1부에서는 1987년 사회교육전문요원 자격 제도의 도입, 정주영 회장이 참여한 지역사회학교후원회의 활동, 충북 지역의 선도적 실천 사례 등을 통해 평생교육사라는 전문 직역의 탄생 배경을 조명합니다. 2부에서는 시·군 단위의 조직 결성과 사무체계 구축, 실무자 양성 등 실천 기반을 제도화하며 전국적 확산을 이끈 조직적 토대를 분석합니다.

2권은 지역사회 중심의 교육 실천을 구체화한 내용을 담고 있습니다. 1부는 시·군 단위의 전략 세미나 개최, 모델학교 육성 등을 통해 지역을 학습공동체로 전환해 나간 과정을 다루고, 2부에서는 75개 초등학교 중심의 부모교육 실천 사례와 '좋은 부모되기 운동'을 통해 가정-학교-지역사회가 함께 작동하는 평생학습 생태계의 가능성을 실증적으로 보여줍니다. 특히, 소식지 발간과 정책 제안 활동은 지역 기반 시민교육의 실천적 전략으로 평가됩니다.

이 책을 집필한 김영옥 교수는 서원대학교 라이프설계학과에서 성인학습자의 학습권 보장과 자기주도 역량 강화를 위한 실천을 꾸준히 이어오고 있습니다. 그간 평생교육사의 양성, 재교육 체계 수립, 지역 기반 학습모델의 정착 등 평생교육 제도의 뼈대를 세우는 데 중심적인 역할을 해왔으며, 그의 실천 여정은 곧 우리나라 평생교육운동의 역사이자 미래를 향한 나침반이라 할 수 있습니다. 김영옥 교수의『평생교육사의 탄생과 역사』는 단순한 회고를 넘어, 평생교육의 뿌리를 탐색하고 현재의 좌표를 점검하며, 미래의 방향을 설계하게 하는 실천적 이정표입니다. 이 이정표는 평생교육에 대한 철학적 성찰, 제도적 통찰, 실천 전략이 유기적으로 결합된 총체적 기록으로서, 평생학습을 고민하는 연구자, 실천가, 정책 담당자 모두에게 깊은 영감을 줄 것입니다.

지속가능한 사회, 연대하는 공동체, 배우는 시민을 지향하는 오늘날, 『평생교육사의 탄생과 역사』은 평생교육이 사회를 어떻게 변화시킬 수 있는 지를 다시금 확인하게 하는 귀중한 증언서가 되어줄 것이기 나는 이 책을 평생교육의 길 위에 선 모든 이들에게 자신 있게 추천합니다.

2025년 2월

교육실천 50여년의 길 위에서 주성민

한국지역사회교육재단 명예이사장

[평생교육법 탄생 배경 및 역사]

　대한민국 정부 수립 후 1949년 공포된 교육법은 주로 학교교육과 관련된 내용으로 이루어져 사회교육에 대한 규정은 담고 있지 않았다. 이에 1952년 당시 문교부 성인교육과는 사회교육에 관한 법제정을 시도했다. 그러나 심의과정만 거듭하고 국회를 통과하지 못하다가 30년이 지난 1982년이 돼서야 비로소 사회교육법이 제정 · 공포되었다.

　한편 사회교육법이 제정되기 앞서 1980년 제5공화국 헌법 제29조 제5항에 평생교육 진흥조항이 신설되었고, 국민의 평생에 걸친 교육권 내지 학습권을 보장하기 위한 헌법적 근거가 마련되었다. 이처럼 헌법에서 국가에 대한 평생교육진흥의무를 신설한 것은 21세기 지식기반사회의 도래에 따른 평생교육에 관한 중요성에 대한 인식과 당시 학교교육을 둘러싼 내적 · 외적 변화에 적극적으로 대처하기 위한 것이었다.

　즉 학교교육의 제한과 과열과외에 대한 보완책이 필요했고, 산업발전에 부응하는 인력수급이 필요했으며 청소년 비행이 증가하여 청소년 선도의 필요성이 생겼고 부녀자 · 노인들에 대한 적응교육이 필요했기 때문이다. 하지만 헌법에 새로이 도입된 평생교육 조항은 통합적 차원의 평생교육을 지향하기 보다는 사회교육 진흥 조항에 지나지 않았다.

이것은 당시의 헌법 제29조 제5항에서 "국가는 평생교육을 진흥해야 한다"라고 규정하면서도 제6항(현행 헌법 제31조 제6항)에서 학교교육 및 평생교육을 포함한 교육제도라고 규정함으로써 학교교육과 평생교육을 같은 차원으로 병치시켜 놓고 있다는 점과 당시 문교부가 헌법 개정 당시에 제출한 문서에 평생교육을 i) 학교 외 청소년 교육, ii) 성인교육(농민, 노동자 교육), iii) 부녀자 교육, iv) 노인교육, v) 취학전 교육, vi) 대중교육을 의미하는 것으로 사용한 것에서도 알 수 있다.

그러나 사회교육법의 이러한 의의에도 불구하고 학교교육 중심의 교육법의 하위 법처럼 인식되었고, 각종 사회교육기관의 학습 이수 결과에 대한 평가 · 인정제도가 마련되지 못했으며, 급변하는 사회 환경의 변화에 따른 교육개혁 차원에서의 요구, 평생교육계의 새로운 수요에의 부응 등을 이유로 1999년 평생교육법으로 전면 개정되었다. 평생교육법은 2000년 3월부터 효력을 발했고, 이에 따라 우리나라 교육법은 교육기본법 아래 초 · 중등교육법, 고등교육법, 평생교육법 체계를 갖추게 되었다.

하지만 총 5장 32개조로 구성된 평생교육법은 사회교육법을 근간으로 제정되었다는 점, 법 규정의 내용이 추상적이고 법적 구속력이 미비하다는 점, 관계자들의 책무관계가 불명확하다는 점, 우리나라의 평생교육이 양적·질적으로 상당한 수준에 이르렀음에도 불구하고 평생교육의 국가적 추진체제의 정비가 미비하여 급변하는 평생교육계의 새로운 수요에 부응하는 데 한계가 있다는 점 등의 여러 가지 문제점을 지적되어 왔다. 그리하여 이러한 문제점을 해결하고자 시행 6년만인 2006년에 평생교육법 전면 개정이 추진되었다. 개정법은 2007년 12월 14일 개정·공포되었다.

- 출처: 이세정(2008). 개정 평생교육법의 주요 내용과 법적 문제점.
    법제연구, 35(1), 371-398.

1986년 사회교육전문요원 배치와 사회교육단체

양 열 모 / 문교부교육정책실

우리는 오늘날의 사회를 학습사회라고 부른다. 이러한 사회에서는 누구나 배우면서 생활하고 생활하면서 배우는 일이 중요하다. 사회교육법은 건전하고 능률적인 학습사회의 건설을 촉진하기 위해 제정되었다. 그중 사회교육단체에 관련된 부분을 살펴보면 다음과 같다.

1. 사회교육전문요원양성 및 배치

교육종사자가 5인 이상이고 동시에 50인 이상(또는 연간 500인 이상)을 교습하거나 이용하게 하는 사회교육시설과 단체에는 사회교육 과정을 편성·진행하고 교육 효과를 분석·평가하는 등 사회교육 활동을 기획·분석하고 지도 업무를 전담하는 사회교육전문요원을 배치하도록 되어 있으며, 전문요원은 대학과 대학원 그리고 사회교육전문요원연수원(현재는 미설치)에서 1986년도부터 양성 배출된다.

2. 사회교육시설의 종류 및 기준

(1) 일반 사회교육시설

학습비가 무료이거나 사회봉사를 목적으로 운영하는 시설로서 사설 강습소에 관한 법률의 적용 대상이 아닌 사회교육시설을 말하며, 노인 교실, 주부교실, 청소년야영 및 여가시설 등이 이에 해당 된다. 시설기 준은 수업실, 관리실 각1실 이상과 도서 500권 이상으로 되어 있다.

(2) 학교형태 사회교육시설

교육과정과 교육시설 등이 중학교 또는 고등학교와 유사한 시설로 서 불우청소년 등을 대상으로 사회봉사를 목적으로 하는 사회교육시설 을 말하며, 새마을학교, 청소년직업학교 등이 해당된다. 시설기준은 일 반사회교육시설과 같다.

(3) 종합 사회교육시설

대규모 사회교육시설로서 각급기관 또는 개인 등을 대상으로 직업 교육, 위탁교육, 연수교육 등 교육과정을 종합적으로 운영하는 사회교 육시설을 말하며, 산업연수원, 언론기관의 문화센터 등이 해당된다. 시 설기준은 학습 시설등 교사가 1,200㎡이상, 기숙사 1,470㎡이상, 체육 장 1,150㎡ 이상을 갖추도록 되어 있다.

(4) 학교부설 사회교육시설

각급 학교는 학교수업에 지장이 없는 범위내에서 노인, 주부, 지역주민 등을 대상으로 각종 교양과목과 직업기술교육 등 사회교육을 실시하도록 되어 있다. 일정한 시설기준은 없으면 각 학교의 특성에 따라 유휴시설을 활용하여 사회교육을 실시하면 된다.

(5) 사회교육전문요원연수원

사회교육전문요원을 양성할 목적으로 설치된 사회교육시설로서 국가와 지방자치단체, 대학운영학교법인, 재단법인 만이 전문요원연수원을 설립 운영할 수 있다. 시설기준은 수업실 등 교사가 1.420㎡이상, 도서 5,000권 이상, 기숙사 2,100㎡이상, 체육장 1.650㎡이상을 갖추도록 되어 있다.

3. 사회교육시설의 설치절차

일반 및 학교형태와 종합사회교육시설은 일정한 요건을 갖추어 교육위원회에 등록하면 되고, 학교부설 사회교육시설은 초·중·고등학교 부설인 경우에는 교육위원회에, 전문대 및 대학인 경우에는 문교부에 신고하도록 되어 있으며, 전문요원연수원은 문교부에 직접 인가를 받아야 한다.

4. 사회교육단체와 사회교육

사회교육단체라 함은 사회교육을 주된 목적으로 하는 법인과 단체를 말하며 일정한 규모 이상의 사회교육단체에는 사회교육전문요원을 배치하도록 되어 있다. 국가와 지방자치 단체는 예산의 범위내에서 사회교육단체에 예산을 보조 할 수 있으며, 교육위원회는 사회교육단체를 지원 및 지도와 종사자들의 연수교육을 실시할 수 있도록 되어 있다. 공익법인의 설립 운영에 관한 법률, 사회단체 등록에 관한 법률 등 다른 법률에 의하여 설립된 법인과 단체가 사회교육법에 의한 사회교육을 실시하고자 할 경우에는 일정한 시설을 갖추어 일반·학교형태·종합사회교육시설로 교육위원회에 등록할 수 있다.

등록된 사회교육시설은 국가로부터 안정감과 공신력을 가질 수 있으며, 현재는 국가로부터 특별한 혜택은 없지만 제 6차 경제개발 5개년 계획에 사회개발분야에 많은 투자를 할 계획이므로 향후 국가가 행정적, 재정적 지원이 있을 경우에는 등록된 사회교육시설이 우선적으로 혜택을 받을 것으로 전망된다.

출처 : 한국지역사회교육후원회, 새이웃 164호(1986년 3월)

차 례

제1부   평생교육사의 탄생, 평생교육 지도자의 길이 시작되다

제1장   우리나라에 평생교육 전문직 '평생교육사'가 탄생되다

제2장   정주영 회장님과 평생교육 학자, 실천가들이 일구신
지역사회학교후원회에서 평생교육사의 길을 열다

제3장   정주영 회장님이 지역사회교육충북협의회(청주 주성초교)를 방문하다

제1부

평생교육사의 탄생, 평생교육 지도자의 길이 시작되다

제1장

—

우리나라에 평생교육 전문직
'평생교육사'가 탄생되다

1.
보물 같은 평생교육사(사회교육전문요원) 자격증
− 1987년 취득

    평생교육사의 전신은 '사회교육전문요원' 입니다. 사회교육전문요원 양성 정책은 1982년에 제정된 「사회교육법」에 근거를 두고 있습니다. 1982년 법이 제정된 이후 양성과정을 거쳐 1986년 처음으로 20명의 사회교육전문요원이 배출되었습니다. 이후 사회교육법이 평생교육법으로 1999년 전부 개정됨에 따라 사회교육전문요원은 평생교육사로 자격 명칭이 바뀌었습니다.

    저는 1987년 2월 청주사범대학(현 서원대학교)을 졸업하면서 사회교육전문요원 자격증을 취득했습니다. 1986년 우리나라에서 사회교육전문요원 20명이 최초로 탄생되었으니, 그 다음해인 1987년에 자격증을 받았다고 볼 수 있겠지요. 현재까지 하루도 쉬지 않고 39년이나 평생교육사(사회교육전문요원) 자격증을 활용하고 있으니 저에게는 보물 같은 자격증이 된 것이지요.

운이 좋다고 할 수 있지요. 사회교육전문요원 자격증을 취득하고 몇 개월이 안돼 평생교육전문가로 취업을 할 수 있었으니까요.

이번에 제가 평생교육 현장에서 경험한 평생교육 역사를 들여다 보다보니, 서원대학교(구 청주사범대학) 교육학과에 입학한 것이 39년간 평생교육사의 길을 걸어가게한 첫 발자욱이 되었네요.

뒤에서도 언급하겠지만 제가 서원대 둥지를 떠나 직장인으로서 평생교육 현장에서 길을 걸어오다가 대학교수로 다시 서원대학교로 돌아오기전 2013년까지 서원대학교와의 평생교육의 인연은 지속되었다는 것을 알게 되었습니다.

1991년부터 한국지역사회교육충북협의회에서 서원대 교육학과 사회교육전문요원실습생 지도를 시작하여 제가 청주시청에 근무했던 2013년까지 평생교육사 실습생을 지도했으니 후배들에게 평생교육사 길 안내를 한 것이지요.

1991년부터는 서원대 사회교육전문요원 자격을 준비하는 교육학과 학생을 중심으로 '서원젊은 새이웃' 평생교육봉사활동 동아리를 조직하고, 농촌 초등학교 아이들의 인성교육 지도를 해주었습니다.

2004년 기적의도서관 문화행정팀장 재직시에는 서원대 유아교육과 학생들이 어린이날 프로그램 운영해주어 도움을 주었습니다.

2006년부터 2013년까지 청주시 평생교육사로 재직시에는 서원대 평생교육원과 협력하여 전국 최초 평생학습상담사양성, 찾아가는 문해지도자 양성 등 다양한 평생교육 지도자를 양성해왔습니다.

특히 2013년에는 서원대 평생교육원, 서원대 총학생회와 협력하여 수곡동 마을을 평생학습 특구로 지정하고 평생교육 재능기부 사업을 추진하였습니다.

그리고 2014년 3월에 서원대학교 교수로 다시 돌아와 현재까지 성인학습자들이 대학학사학위를 취득할 수 있는 평생교육체제대학 활성화에 함께하고 있습니다.

저를 평생교육사 길로 안내해주고 평생교육 지도자로 보람된 삶을 살아갈 수 있도록 길을 열어준 모교에 감사드립니다.

* 앞으로 독자의 편리를 위해 법이 변경되기 전 용어인 '사회교육전문요원'은 '평생교육사'로, '사회교육실습'은 '평생교육실습'으로 혼용하여 표기하겠습니다.

2.
휴학이 가져다 준 선물
– 평생의 삶이 된 평생교육사

사회교육전문요원 자격증을 받게 된 배경을 말씀드리면, 1982년 당시 후기 대학이었던 청주사범대학 교육학과에 입학했습니다. 하지만 원했던 대학에 도전해 보고 싶은 욕구로 가득 차 있어서 대학생활은 그리 성실하지 못했습니다. 1년을 가까스로 마치고 자퇴를 하기 위해 학과장님과 면담을 하였으나 교수님의 설득으로 휴학을 하게 되었습니다. 1년간의 재수 생활은 순탄치 못했으며 뜻을 이루지 못하고 복학을 하게 되었지요.

다시 돌아온 대학 생활, 사범대학이라는 자부심이 더 생기게 되었고 학교에서 취득할 수 있는 모든 자격증에 도전하는 적극적인 학생이 되었습니다. 부전공까지 신청하여 교육학 교사, 일반사회 교사 자격 과정에 도전했습니다.

그런데 복학하던 1984년에 우리 대학에 사회교육전문요원(평생교육사) 자격과정이 도입된 거예요. 교육사회학을 전공하신 교육학과 허작 교수님이 미래를 내다보고 도입한 것이지요. 교수님의 권유로 성인교육을 담당하는 자격증 하나 더 취득할까? 라는 생각으로 시작했는데 제 평생의 삶이 된 것이지요.

저를 평생교육의 삶으로 이끌어 주신 허작 교수님께 지면을 빌어 감사의 마음을 전합니다.

3.
1986년 사회교육 실습(평생교육 실습) 장소 발굴
- 충북공무원교육원

사회교육개론, 사회교육방법론 등 교과목을 수강하고 1986년 4학년 여름방학에 4주간 사회교육기관으로 실습을 나가야 했습니다. 하지만 사회교육전문요원이라는 자격과정에 대한 사회적인 인식이 생소하였기에 실습 기관을 구하는데 어려움이 있었습니다. 그러던 중 충북도청 산하의 공무원교육원을 생각하게 되었고, 연락을 하고 찾아가 설명을 한 결과 실습을 받아주었습니다. 설레이는 마음으로 평생교육 실습 첫 발을 내딛었습니다.

2개월 전에 교생실습을 다녀와서인지 실습이 낯설지 않았고, 큰 틀에서 볼 때 교육 분야라는 점에서 이해와 적응이 빨랐습니다. 실습 주요 내용은 공무원 직급별 직무교육에 참관하고 보조하는 것이었습니다. 10여명의 직원과 함께 근무하며 관련 문서 타자 보조, 교육 자료 준비, 외빈 차 준비 등의 직무 실습을 하다보니 공무원교육원 직원이 된 착각에 빠지기도 하였습니다. 당시 실습지도자인 7급 주사님, 직원들, 강사님, 그리고 원장님 등 모두 따뜻하게 대해주시며 자상하게 가르쳐주셨던 기억이 아직도 선연하게 남습니다. 분임 토의 하는 강의실을 실습지도자와 함께 다니며 보고 듣고 열심히 받아 적었던 기억, 몇 백명이 모인 강당에서 기타를 치며 레크리에션을 진행하던 강사님에게 감탄했던 기억, 40년이란 시간이 흘렀음에도 아직도 몇 분의 성명은 잊혀지지 않습니다. 왜냐하면 그 이후로도 몇 해 동안 만남이 이루어졌기 때문입니다. 그 뿐만이 아니라 공무원교육원 전문직이 되고 싶다는 마음도 있었기에 최선을 다했던 것 같습니다. 하지만 당시 공무원교육원의 전문직으로 사회교육전문요원(평생교육사)을 채용할 수 있는 법규도 없었고, 생소한 자격증이었기 때문에 길은 열리지 않았습니다. 하지만 평생교육 실습이 즐거웠고 행복했던 시간이었기에 평생교육사로서 이렇게 39년이란 기간을 지속하고 있는지도 모릅니다.

▶ 이런 우연이 있을까요?

충북인재평생교육진흥원이 독립 법인이 되면서 이전한 곳이 충북공무원교육원이랍니다. 충북에서 평생교육사 실습이 처음 이루어졌다고 할 수 있는 곳이 충북공무원교육원이니까요

1986년 당시에는 충북공무원교육원이 충북대학내에 있었답니다.

■ 1985~1986년 초창기 우리나라 평생교육실습(사회교육실습)은 어떻게 진행되었을까요?

– 한국지역사회학교후원회, 1985년 12월 최초로 평생교육실습생 지도, 1986년 평생교육사 배출

우리나라가 평생교육사(사회교육전문요원) 자격증은 1986년부터 발급하기 시작했습니다. 한국지역사회학교후원회는 1982년 12월 사회교육법이 제정되면서 이화여대를 비롯한 몇 개 대학이 사회교육전문요원 자격과정을 개설하게 됩니다. 한국지역사회학교후원회는 1985년 12월 최초로 사회교육전문요원 실습을 운영하게 됩니다. 그리고 실습에 참가한 참가자들은 1986년 사회교육전문요원 자격증을 취득하게 됩니다. 우리나라 최초 평생교육사가 탄생하게 됩니다.

저는 우리나라 평생교육사 배출 두 번째 해인 1986년 8월 충북공무원교육원으로 평생교육실습을 나갔습니다. 우리나라 최초로 서울지역 이화여대, 국민대 등 4개 대학이 평생교육사를 양성한 것을 알 수 있듯이, 지방대학인 청주사범대학이 초창기 평생교육에 앞장서서 전문가를 양성해온 것을 알 수 있습니다.

○ 한국지역사회학교후원회 '새이웃' 1986년 2월호 게재된 내용

– 마지막 겨울방학을 더욱 보람있게 보낼 수 있었던
사회교육(평생교육) 실습

본회에서는 이화여자대학교 사범대학 교육학과 4학년 19명을 대상으로 사회교육에 관한 실습을 4주간 1차, 2차로 나누어(1차: 85년 12월 16일 86년 1월 4일, 2차: 86년 2월 3일2월 7일) 실시하였다. 이번 실습생은 방학 중 이화여자대학교에서 실시하는 계절대학의 과정 중 사회교육전문요원 자격증 취득을 위해 사회교육기관에서 4주간의 실습을 받도록 되어 본회로 실습을 나오게 되었다. 실습내용은 본회에서 실시하는 프로그램과 지역사회학교운동의 오리엔테이션, 황종건 교수의 '사회교육의 원리', '평생교육의 이론', 주성민 총무의 '사회교육의 현황'에 대한 강의와 지역사회학교 프로그램 작성에 대한 실습, 김인숙 강사의 '지역조사를 위한 사회조사 방법론'의 강의와 실습, 지역사회학교 운영실태 파악을 위한 둔촌지역사회학교 탐방, 9개 사회교육단체 조사 및 발표 등이다. 또한 오재경 이사장의 '최선을 다하는 삶과 이화인의 자세'라는 특강은 삶의 진지한 자세를 알게 해주었다고 실습생들은 입을 모았다. 짧은 일정이었지만 실습생들은 진지하고 열심히 실습에 임해 사회교육에 대하여 이해의 폭을 넓혔고, 마지막 날 평가회 시간에서 오재경 이사장의 격려의 말씀은 이제 졸업이 얼마 남지 않은 실습생들에게 큰 긍지를 갖도록 하였으며, 주성민 총무의 "앞으로 본회와 계속

적인 연결을 바라고, 어디에 가든지 겸손한 마음과 남을 도와주는 자세로 임하라"는 당부의 말씀으로 전 과정을 마치었다.

○ 한국지역사회학교후원회 '새이웃' 1986년 1월호 게재된 내용
  – 평생교육 실습으로 평생교육학교(지역사회학교)를 탐방한 사례

서울 둔촌지역사회학교를 찾아서

홍순분 / 평생교육실습생

방학과 더불어 활동이 뜸해지는 지역사회학교. 그러나 여전히 심장 박동처럼 활기 있게 움직이는 학교가 있다. 마침 본회에서 실습 중인 이화여대 교육학과 학생 23명이 프로그램이 있던 1월 16일 둔촌지역사회학교를 찾았다.

사탕부케 특강

어린이 에어로빅 특강

둔촌국민학교는 지·덕·체의 조화로운 발달을 근본 표로 '스스로 생각해
내는 어린이, 서로 돕고 봉사하는 어린이, 어려움을 이겨내는 어린이'라는
세 가지 교육목표를 갖고 1980년에 설립·개교되었다. 이곳의 지역적 특성은
신시가지로서 주로 아파트 단지로 조성되어 7천 세대가 모여 살고 있으며,
지역주민의 대부분이 30대 후반에서 40대 초반의 연령층을 이루고 있다.
이러한 지역적 환경에 위치한 둔촌국민학교는 1981년에 지역사회학교로 발
족하여, 지금은 고문, 회장단을 중심으로 약 30여 명의 임원이 주축이 되
어 활발히 그 활동을 전개하고 있다. 가장 활발히 진행되고 있는 프로그램
은 취미교실로서 분재, 서예, 볼링, 테니스, 운전, 도자기, 달춤 등이 좋은
반응을 얻고 있다. 또한 그밖의 교양강좌, 월례회, 사회봉사, 견학 등의 다
양한 프로그램이 실시되고 있다. 프로그램은 주부 대상뿐만 아니라 방학
때는 아동을 대상으로도 실시되고 있는데, 올 겨울방학에는 에어로빅과 라
보를 통한 영어교육을 실시하여 각각 약 200여명이 참가하여 좋은 반응을
얻고 있다고 한다. 특히, 85년 12월 7일에는 처음으로 '새이웃의 밤'을 개최
하여 부부 동반의 훈훈한 시간도 마련하여 앞으로 더욱 확산될 가능성을
타진하는 좋은 계기가 되었다. 회원모집은 1년 2회 정기적으로 전학년 학생
에게 회원가입 신청서를 배부하여 신청받고 있으며, 한 학기에 약 350여 명
이 정회원으로 활동하고 있다고 한다. 이 지역에서 지역사회학교운동이 잘
실시되고 있는 요인을 묻는 탐방자의 질문에 회장은 학교와 학부모, 지역주
민의 협력적 관계와 임원들 간의 단결력이 중요한 요인으로 작용하고 있다
고 말한다. 또한 유명 강사의 초빙과 주민의 욕구 조사를 통한 프로그램의

실시는 좋은 효과를 나타내 주는 요인으로 파악된다고 한다. 그러나 지역 인사 활용의 정도에 대해 묻는 질문에는, 아직 회원들의 유명인사에 대한 선호도로 지역자원 활용이 미비한 실정이며, 또한 지역주민 전체를 대상으로 실시하는 홍보가 아직 이루어지지 않고 있는 것은 앞으로 시정되어야 할 문제점으로 지적하기도 했다. 둔촌지역사회학교의 적극적 지원자인 서성옥 교장은 앞으로의 교육은 문화, 사회에 적응하는 인간을 양성하는 것으로, 학생 개개인의 능력 신장을 위해 학교뿐만 아니라 전 사회가 질적 향상 및 성장을 도모하면서 학교의 기능을 담당하는 '사회의 학교화'가 이루어질 것을 강조하였다. 이러한 둔촌지역사회학교 탐방을 통해 지역사회학교운동은 가정, 사회, 학교의 상호연계성을 맺게 하는 데 중심적 역할을 하는 것으로, 앞으로 이 운동은 더욱 확대·발전되어야 함을 재확인했다.

○ 한국지역사회학교후원회 '새이웃' 1986년 8월호 게재된 내용
[평생교육실습생 실습 후기 – 평생교육이 깊이 뿌리내리기 위하여]

강원경 / 국민대 교육학과 4년

실습 기간을 통해 우리 사회가 가지고 있는 사회교육에 대한 대책 및 개선 방안에 대해 몇 가지 생각한 것을 요약 정리해 보고자 한다.

1) 사회교육에 대한 대책 및 개선 방안

① 사회교육의 개념 및 필요성, 중요성 등에 대한 사회적 인심의 재고와 사회교육 프로그램의 적극적 홍보계도 활동 추진

② 사회교육의 균형 발전과 지역적 안배·균분을 위한 농·어촌 및 도서벽지의 사회교육 기관·시설의 확충

③ 부녀와 미진학 청소년 영세근로자 농·어민, 노인, 요보호 여성, 도서벽지 주민 등의 교육 취약 집단을 위한 다양한 교육 프로그램의 개발·제공과 그들의 자각된 교육적 요구의 정기적 진단

④ 학교내 인적·물적 자원의 사회교육 기관 및 지역사회 주민에게 개방과 적극적 활용 방안 모색

⑤ 대학 수준의 사회교육전문요원 양성과정 및 재교육, 연계 과정의 설치

⑥ TV, 라디오, 우편 등의 매체를 통한 간접 출석식 원격교육 방식을 사회교육에 적극 활용

⑦ 자발적인 비영리 민간단체들의 사회교육 활동을 적극 장려하기 위한 국가 단위의 행·재정적 지원 체제 강화

⑧ 여가교육의 대중화를 위한 비영리형 건전 여가교육 프로그램의 확대 개발 제공

⑨ 경력의 학점 확산제 및 학교 교육 과정에 있어서의 사회교육 이수 결과의 공식적 인정 등을 통한 사회교육 참여 유인 체제와 보상 체제 강화.

⑩ TV의 사회교육 방송 프로그램 개편 및 다양화 확충

⑪ 사회교육의 효율화 전문성 제고를 위한 유관 연구·개발 활동의 적극 추진·지원

⑫ 산발적으로 난립 운영되고 있는 비체계적인 사회교육 행정‧운영을 체계화하고 이를 효율적으로 운영하며 정기적인 사회교육 발전 전략 및 대책을 수립하기 위한 관·민·학 합동의 상설 사회교육 발전 추진위원회를 구성

사회교육에 관한 이러한 대책들이 수정 보완 발전되어 갈 때 평생교육이 깊이 뿌리내리게 되리라 믿는다. 바로 이러한 정신에 입각한 지역사회학교운동은 사회교육의 진정한 모습이 아닌가 생각된다. 열심히 추진하고 있는 한국지역사회학교후원회에 깊은 감사를 드리며, 이러한 운동을 하고 계신 모든 회원분들께 진정으로 고개가 숙연해진다.

지역사회학교운동에 끊임없는 발전과 후원회의 열성적 지원이 깊이 뿌리 내리기를 기도하며, 끝으로 4주간의 실습에 도움을 주신 모든 분들께 감사드린다. 이젠 어느덧 가을 소리가 귓전에 울린다. 일년의 양식을 거두는 가을의 들판과 같이 좋은 결실들이 가을의 바람을 통해 한국지역사회학교후원회에 가득하길 바란다.

2) 한국지역사회학교후원회 평생교육실습 내용

– 오리엔테이션

① 실습생 신상조사서 작성

② 실습생 자기소개서 작성

③ 직원과의 인사

④ 영화상영 "To Touch A Child"

⑤ 한국지역사회학교후원회 활동소개

⑥ 슬라이드 상영 "지역사회학교란"

⑦ 위원회 사업소개

– 강의 및 실습

① 지역사회학교운동과 교육환경

② 지역사회학교 프로그램의 실제

③ 대상별 프로그램 작성

④ Role Play–학교주변의 비교육적 환경 조사

⑤ 사회조사–지역요구조사

- 그룹별로 실제 조사할 지역에 대한 설문지 작성

- 설문지 평가

- 지역요구조사 실시(8. 12–8. 16)

- 통계처리

⑥ 실무행정– 기관에서 이루어지는 행정실습 현장학습

- 지역탐방– 둔촌지역사회학교 프로그램 참관

- 야유회(관악산)

- 실제 작성한 프로그램으로 실습 생들이 진행

– 연구

① 둔촌지역사회학교를 참관하고 나서 그룹별 토의

② 지역사회학교활동교본 연구발표

③ 사회교육형태 조사 발표

- 학교중심 – 새마을 어머니회 , 주부교실

- 학교형태 – 서울종합직업훈련원, 방송통신고

- 사회교육기관 중심 - UNESCO

- 사회단체시설 중심 – 청소년 회관

- 종교기관 중심 – 가나안 농군학교

- 자원단체 중심 – YMCA , 걸스카웃

- 지역사회개발 중심 – 한국지역사회학교후원회

- 대중매체 중심 – 방송국(TV), 신문사

- 관인사설학원 중심

- 사회복지시설 중심 – 동작사회복지관 – 시립아동상담소

- 백화점 중심

– 기타

① 3분발표– 실습생 전원

② 레크리에이션 지도– 실습생 전원이 진행

③ 집단활동게임

4.
사회교육전문요원(평생교육사) 자격 취득이 바꾸어 놓은 평생교육 지도자의 길

    졸업과 동시에 학생생활연구소 조교가 된 저는 사회교육전문요원(평생교육사) 자격증을 책꽂이에 끼워두고 대학생들이 학교생활에 잘 적응할 수 있도록 학생상담 지원 업무를 하고 있었습니다. 그러던 중 1987년 9월 한국지역사회학교후원회에서 충북 간사 채용 의뢰가 왔는데 조건이 '사회교육전문요원' 자격증 소지자였습니다. 한국지역사회학교후원회는 회장을 맡고 있는 현대그룹 정주영 회장님의 후원으로 운영되고 있는 기관이라서 급여는 현대에서 받고 업무는 충북 지역에서 지역사회학교(평생교육 학교)를 만드는 일을 하는 것이었습니다.

    사회교육전문요원 자격 취득 담당 학과였던 교육학과 교수이신 허작 학과장님과 연구조교, 조교들이 모여 회의를 통해 '사회교육전문요원' 자격증 소지자를 추천하기로 결정 하고 사회교육전문요원 자격증을 취득한 졸업생들에게 연락을 하였습니다. 하지만 지금처럼 개인 폰이 있는 시대가 아니라서 전화 연결이 되지 않았고 긴급하게 추천해야 하는 상황이었기에 조교 행정 경험이 있는 저에게 기회가 주어졌습니다.

서류와 면접을 통해 1987년 11월 충북지역사회학교협의회 간사로 채용이 되어 드디어 평생교육사로서 첫 발을 내딛게 되었습니다. 중등교사를 희망하고 대학을 진학했던 교사의 길을 평생교육 지도자의 길로 바꾸게 놓게 된 계기가 된 것이지요.

지금 생각해보면 청주사범대학(현 서원대학교) 교육학과 진학, 휴학, 복학 그리고 조교 생활 등이 평생교육 지도자의 길로 들어서게 한 운명 같은 시간이었다고 할 수 있을 것 같아요.

▶ 이런 인연이 있을까요?

1987년 당시 교육학과 허작 학과장님과 함께 저를 평생교육사를 추천하게 되는 회의에 참가했던 허정무 연구 조교님과 이흔정 조교님과의 인연도 각별합니다. 두 분 모두 한국지역사회교육협의회에서 평생교육 지도자의 길을 걸으셨으니까요.

허정무 교통대 교수님은 교육사회학을 전공하셨으며, 제가 평생교육 실무자로 첫 발을 내딛었던 기관 청주지역사회교육협의회 7대 회장님을 역임하셨습니다. 평생교육 전공자로서 청주지역사회교육협의회가 평생교육을 확산하는데 큰 기여를 하셨습니다.

이흔정 서원대 교수님은 제가 충북협의회에서 학교 중심 평생교육인 지

역사회학교운동을 펼치고 있을 때 본부인 한국지역사회교육협의회 실무자
로서 충북 지역 활성화에 많은 도움을 주었습니다.

마치 1987년 함께 정해준 운명처럼 이렇게 함께 평생교육을 펼쳐 갔습
니다.

■ 일하는 여성 – 지역사회교육충북협의회 김영옥 간사
배움 나누는 어머니 모습에 "보람"

(충청일보, 1992년 5월 27일)

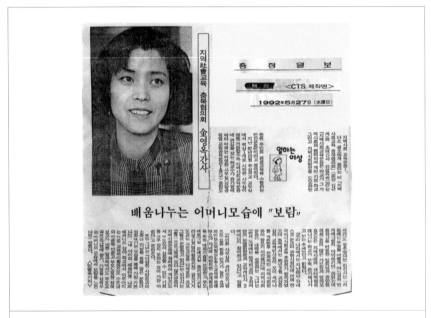

20대 지역사회교육 충북협의회 실무자로서 지방 신문사에서 인터뷰한
내용이다. 평생교육 실무자를 알리는 기회가 되기도 하였다.

지역사회교육운동!

다소 생소하게 들리는 이 「지역사회교육 충북협의회」(회장 김근세)의 초대 간사 김영옥 씨(29세)는 지역사회교육운동은 학교가 그 지역사회와 협력하여 개인, 가정, 학교 그리고 지역사회 발전을 도모하는 주민의 평생교육을 수행하는 민간운동이라고 정의한다.

지난 1987년 10월 주성국교 교무실에서 책상 1개로 시작한 사무실이 해를 거듭할수록 지역사회교육운동에 관심을 갖는 학교 수가 증가함에 따라 이제는 어엿한 사무실(상당공원 옆 교원공제회관 1층, (구)중앙도서관)도 갖추었다는 김 간사는 "처음에는 무엇을 어떻게, 어느 것을 먼저 해야 할지 막막하기만 하였는데 회장님을 비롯한 임원님과 중앙협의회 분들의 많은 가르침과 열의로 요즈음은 지역사회의 센터 역할을 해나가는 학교가 부쩍 증가해가고 있는 추세"라고 밝혔다.

우리나라에서는 "지난 1969년 본부인 한국지역사회교육후원회가 발족되었으며, 충북에서는 1985년 3월 교장 중심의 교육계 인사들이 모여 세미나를 개최한 후 본격적인 지역사회교육운동이 움트기 시작했다."며, 지역사회교육운동의 내력을 설명하는 그녀는 "현재 도내에는 55개 학교의 9천여 명의 운영위원들과 교육계인사 2백여명이 참여하고 있다."고 말했다.

"협의회 사무실의 센터 프로그램으로 요즘 한창 인기가 높은 효과적인 부모역할훈련(PET) 교육을 통해 부모와 자녀의 바람직한 관계형성을 위한 대화기술을 보급하고, 부모예절교실, 문예교실, 종이접기교실, 라보교실(영어율동교실), 글짓기지도교실, 사진교실 등 다채로운 프로그램을 운영하고

있다."는 김 간사는 "좋은 프로그램에 보다 많은 분들이 참여하여 개인으로
서 부모로서 성장할 수 있는 기회를 갖지 못하는 것이 가장 아쉽다."고 들
려 준다.

또한 그녀는 "다양한 사람들과의 소중한 만남을 통해 많은 분들이 성장
해가는 모습을 볼 때 가장 기쁘다."며 "내 아이의 배움터를 나의 배움터로
삼아 학교에서 이루어지는 교육취활동으로 수준급 작품을 만들고, 부모 노
릇 잘해 보고자 바쁜 일과속에서도 부모교육프로그램에 참가, 가정을 살찌
우는 어머니의 모습에서 보람을 느낀다."고 말했다. 〈민병숙 기자〉

제2장

—

정주영 회장님과
평생교육 학자, 실천가들이 일구신
지역사회학교후원회에서
평생교육사의 길을 열다

1.
1969년 학교 중심 평생교육이 탄생하다
– 한국지역사회학교 후원회 탄생 배경

 전국 조직을 구축하고 전국 교육청과 협력하여 초중등학교를 중심으로 우리나라 평생교육을 추진할 실천 조직인 한국지역사회학교후원회가 1969년 탄생하였습니다. 평생교육의 개념은 1965년 유네스코 랑그랑에 의해 전파되었습니다. 랑그랑의 평생교육은 요람에서 무덤까지의 교육으로 일생동안의 교육을 말합니다.

 1960년대 한국 사회는 경제적, 사회적, 정치적으로 급격한 변화를 겪었으나 사회 전반적인 근대화 과정에서 여러 가지 불균형과 부작용이 나타났습니다. 물리적 근대화에 정신적 근대화가 뒤따르지 못하고, 제도적, 법률적 민주화에 문화적 민주화가 뒤따르지 못하였습니다. 급속한 도시화 과정에서 교통 문제, 주택과 학교의 부족, 청소년 범죄, 공동체 의식 해체 등 많은 문제를 야기시켰습니다. 또 현대적 가치관과 전통적 가치관의 혼재로 사회적 갈등을 일으켜 한국 사회는 전통적 낙후성을 탈피하는 일과 근대화의 부작용과 진통을 극복해야 하는 이중적 과제를 안고 있는 이러한 상황에서 1968년 8월 동아일보사와 주한미국공보원은 'Community Action in A Changing World'라는 주제를 가지고 속리산에서 국제회의를 개최하였습니다.

이 회의의 참고 자료로서 입수된 〈To Touch A Child〉라는 영화는 세미나에 참가한 사람들에게 깊은 감명을 주었습니다. 이 영화는 미국의 미시간(Michigan)주 후린트(Flint) 시에서 30여년간 체험해 온 지역사회학교의 실천 경험을 설명한 것으로서 한 독지가의 성금으로 출발하여 국민의 세금으로 세워진 학교를 개방하여 주민들이 배우고 싶은 것을 배울 수 있는 시설로 만들어, 학교를 중심으로 서로 배우고 서로 가르치는 공동체 의식이 강한 살기좋은 지역사회로 발전되어 간다는 내용입니다.

이 영화를 본 사람들은 학교의 넓은 운동장은 (이 당시만 해도 대개의 학교 운동장은 전혀 개방이 안되었음) 비어 있는데 어린이들은 놀이터가 없어 위험한 길에서 놀고 있는 것을 모순이라고 생각하게 되었고 또 국민의 세금으로 지어진 학교시설이 사용되지 않고 있는 것이 아깝다는 생각을 가지게 되었습니다.

이런 뜻을 가진 사람들의 요청에 따라 1968년 8월 29일 주한 미국공보원 스미스(M.Smith) 부원장 집에서 그 당시 교육계와 언론계, 기업인과 민간지도자 40여명이 초청되어 〈To Touch A Child〉 영화의 시사회가 있었고, 영화가 끝난 후 이와 같은 지역사회학교운동이 한국에서도 가능한 것인가에 대한 토의가 있었습니다. 토의는 예상보다 열띤 토의로 전개되었습니다. 학교가 개방되었을 때 학교시설의 관리를 걱정하는 사회사업가도 있었습니다. 민간 주도의 지역사회학교운동이 한국 사회에서 가능하다고 생각하는 사람과 가능하지 않다고 생각하는 사람도 있었으나 꼭 필요한 일이라는데는 의견이 일치했습니다.

이때 정주영 회장(한국지역사회교육후원회)은 "나도 내 회사시설을 지역사회에 개방해서 우리사회 전체가 잘 살 수 있는 기회를 만들겠다"고 발언하여 그 자리에 참석했던 사람들에게 긍정적인 계기를 만들어 주었습니다.

이어서 정주영 회장의 발의로 9월 6일에는 세종호텔에 뜻있는 분들이 다시 모이기로 하고 그 날의 비용을 자진해서 부담하겠다는 뜻을 전해 와 지역사회학교운동에의 관심은 구체적인 행동으로 가시화되기 시작했습니다.

이 첫 모임의 참가자는 다음과 같습니다. (직함은 1968년 당시의 것임)

> 정주영(현대건설 사장), 신집호(문교부 사회교육국장), 정회경(서울시 교육위원), 이순근(서울시 교육위원), 정태시(대한교육연합회 사무총장), 오재경(서울로타리클럽 회장), 양순담(대한교육연합회 사무총장), 김상현(조선일보 논설위원), 최삼준(서울 장충국민학교장), 조광호(서울 재동국민학교장), 강우철(이화여대 교수), 스미스(주한미국공보원 부원장), 크로간(주한미국공보원 공보고문), 홍인표(주한미국공보원 공보고문), 이연숙(주한미국공보원 공보고문)

9월 중순에는 서울시교육위원회 최복현(당시 교육감)씨가 재소집을, 그리고 9월 30일에는 대한교육연합회 임영신씨의 초대로 정태시씨가 소집을 맡아 후원회 발족의 필요성을 인정하고 발기회를 구성한 다음 정관 심의에까지 이르렀습니다. 10월 7일에는 정관이 통과되고 회장단에는 정주영, 정태시, 이순근, 양순담이 선출되고, 고문에 오재경 그리고 운영위원 9명을 선정함으로써 추진 기구가 발족되었습니다.

기금은 500만원을 목표로 하고 정주영 회장이 그 반을 희사하기로 하였습니다. 운영위원회는 실제 사업계획과 진행을 담당하는 사업의 중심부였고 매주 목요일 주 1회씩 회합을 갖고 회원모집, 창립총회 준비, 시범학교 선정 및 프로그램 진행, 사무실 결정, 실무간사 채용 등 당면과제를 의논하였습니다.

우선 사무실을 서울 YWCA회관에 두고 당시 YWCA 간사였던 김은경씨를 지역사회학교후원회 간사로 겸직케 하고 대한 YWCA 록펠러홀에서 1969년 1월 24일 각계인사 60여명이 참석한 가운데 총회를 가져 그 명칭을 '한국지역사회학교후원회'라고 하고 발족하였습니다.

총회가 끝난 후 간사로서 주성민, 유정란, 서조경 3명을 채용하고 시범학교가 선정되면 활동할 수 있도록 교육을 하였다. 위원들은 시간과 돈을 떠나서 한마음 한뜻으로 모아졌던 것입니다. 첫번째 운영위원회는 현대건설 정주영 사장실에서 모였는데 창립당시의 회장단과 운영위원은 다음과 같습니다.

고문 : 오재경, 회장 : 정주영, 부회장 : 양순담, 이순근, 정태시, 운영위원 : 강우철, 이상현, 김용조, 김인자, 정희경, 윤길병, 이연숙, 박순양, 홍인표, 실무 간사 : 주성민

이 때의 운영위원회는 사업을 계획하고 진행하는 중심부였고 위원들의 열성적인 참여로 매주 목요일 회합을 가졌고 1969년 6월에는 서울 YMCA 402호실에 정식으로 사무실을 마련했습니다.

한국지역사회학교후원회는 발족과 아울러 재동국민학교를 시범학교로 지정, 교사를 위한 토론회, 지역민과의 간담회 등을 거쳐 1969년 4월 23일 재동지역사회학교후원회를 발족시켰습니다. 당시 교장이던 조광호 선생이 주민을 방문하고 운영위원은 학교에 가서 영화를 보여주고 강연을 하며 지역민의 이해를 얻었습니다. 학교에서는 간사파견을 요청하게 되고 지역사회 교실까지 마련하여 프로그램을 운영해 나갔습니다.

학교중심 평생교육을 탄생시킨 〈To Touch A Child〉라는 영화 (29분)

학교중심 평생교육을 추진할 수 있도록 긍정적 발언을 하는 정주영 회장님

한국지역사회학교후원회 추진 위원들 (정주영 회장 - 왼쪽에서 여섯 번째)

한국지역사회학교후원회 임원 (정주영 회장 - 두번째줄 왼쪽에서 여섯 번째)

초대회장
정주영

고문
오재경

실무간사
주성민

학교중심 평생교육 실천 초창기 지도자 : 정주영 초대회장, 오재경 고문, 주성민 실무간사

출처: 한국지역사회교육운동 20년 1969〜1989, 한국지역사회교육운동 30년

우리나라 최초로 지역사회학교(평생교육 학교) 문을 연 재동초등학교

재동국민학교는 70여년의 역사(1969년 당시)와 전통을 자랑하며 2부제 또는 3부제 수업을 실시한 때도 있었으나 공동학구제 실시로 69년에는 2개 교실이 남게 되어 재동 지역사회교실로 겸용할 수 있게 되었다. 원래 학교시설은 정규수업이 끝나면 그 많은 교실과 운동장이 유휴되고 있음이 사실인 만큼 교실이 아니라 할지라도 활용될 부면은 많다고 하겠다.

학교개방을 하면서 그 형태를 보면

첫째, 학교가 중심이 되어서 그 교육적 시설의 혜택을 주민들에게 제공하자는 형태이다.

둘째, (앞으로는) 그 지역의 주민이 주체가 되어서 상호간의 교육활동을 전개하는데 학교시설의 이용을 요청해 올 수 있는 적극적인 활동의 형태이다.

현재는 학교가 앞장서서 운동장 개방과 아울러 초중고생의 구기연습 놀이지도와 어머니교실 성인교실 여가선용을 위한 프로그램 등이 있으나 점차 내용을 풍부히 할 예정이다.

　　지역사회의 개발이란 지역사회의 전체주민 생활의 내적 외적 조건의 개선과 향상을 위한 집단적인 사업이라고 할 때 이것은 그 지역사회에서 가장 긴급 하게 해결되어야 할 문제와 필요인 것이다.

〈회보 제 2호 조광호 교장의 글에서〉

당시 재동 프로그램

- 수요생활강좌 - 요리강습, 전기수리, 노래부르기, 아동심리, 미용, 건강강좌
- 취미생활 - 민속무용, 합창반, 꽃꽂이반(일주일 한번)
  양재반(한달간 매일 오후 실시, 헌옷을 이용한 어린이 원피스, 파자마 만들기)
- 중 · 고등학생 모임 - 매주 일요일 모임. 방학중에는 화, 금 모임 (오전중 도서실 개방)
- 어린이 대상 - 합창, 무용(대학생 자원봉사자 지도)
- 성인 오락시설 - 장기, 바둑

한국지역사회교육후원회( ), 다시보는 새이웃② 재동의 발족과 프로그램
우리나라 최초로 학교중심 평생교육을 운영한 재동초등학교의 프로그램

2.
서울 무교동 현대 빌딩에서 이루어진 평생교육사(간사) 직무 교육 - 영향을 준 주성민 총무님의 지도력

어떻게 하면 잘 할 수 있을지?

막연했고 걱정이 앞섰습니다.

마침 본부인 한국지역사회학교후원회에서 1987년 11월, 1달간 간사 교육을 해주었습니다.

지금으로 말하면 평생교육사 직무교육이 되겠지요.

세미나 계획서 작성, 세미나 진행, 회의 진행, 강좌 개발 및 운영, 행사 안내 포스터 작성, 레크리에이션 진행, 소식지 제작, 지역사회학교운동(To Touch A Child) 이해 및 홍보, 지역사회학교 운영 방법, 행정 업무 등의 교육이었습니다. 현재 평생교육사 80가지 직무에 있는 내용과 유사했습니다.

제게 가장 큰 영향을 준 것은 주성민 총무님의 지도력이었습니다. 1969년 한국지역사회학교후원회 탄생 당시 초대 간사로 시작하여 지역사회학교 운동가로서의 간사 마인드를 갖게 해준 것입니다.

주성민 총무님은 당시 이화여대에서 평생교육사 자격 과정 관련 과목의 강사로 출강 중이었습니다. 1달간 서울 본부에서 교육을 받으며 주성민 총무님께서는 실무자의 역할과 자세에 대해 많은 말씀을 해주셨습니다. 지금 생각해보니 주성민 총무님은 평생교육사의 직무 중 변화 촉진자의 역할을 강조한 것이었습니다. 이는 평생교육 운동가로서의 저의 평생교육 철학이 된 것 같습니다.

그리고 다재다능했던 김주선 간사님, 지역을 담당했던 김종우 부장님의 교육은 지역에서 업무를 추진하는데 실질적인 도움이 되었습니다.

한국지역사회학교후원회 사무실인 서울 중구 무교동 현대빌딩에서 교육이 진행되었기 때문에 배운 내용을 어떻게 실천해야 할지를 고민하며 걸었던 무교동 은행나무 가로수길은 제게 큰 위안이 되었습니다. 노오란 빛으로 물들어가는 무교동의 은행잎처럼 저 또한 간사 다움, 평생교육사 다움으로 조금씩 조금씩 물들어 가고 있었으니까요.

■ 신임간사 채용 및 오리엔테이션

본회 인사위원회는 10월13일 면접을 거쳐 지방에 신임간사를 채용하였다. 이로써 시·도 협의회는 전북, 경남, 강원을 제외하고 모두 간사가 채용되었다. 새로 임명된 간사는 다음과 같다.

- 제주 : 홍숙희(87년 제주대사회학과 졸업)
- 대구 : 정현숙 (87년 경북대교육학과 졸업)
- 충북 : 김영옥 (87년 청주사대교육학과 졸업)

또한 신임 간사들에게 오리엔테이션을 10월 28일 부터 11월 28일 까지 실시하는데 본회 사업에 이해를 돕고 실습을 통하여 업무를 익히고 지역을 탐방하여 현장의 활동을 보도록 힐 예정이다. 신임간사 채용 및 오리엔테이션 본회 인사위원회는 10월13일 면접을 거쳐 지방에 신임간사를 채용하였다. 이로써 시·도 협의회는 전북, 경남, 강원을 제외하고 모두 간사가 채용되었다.

(출처: 한국지역사회학교후원회, 새이웃 183호, 1987년 10월호)

■ 신임간사 교육

본회 조직위원회는 10월 28일부터 실시한 신임 간사 교육을 11월21일 모두 마쳤다. 이번 교육에 참가한 간사들은 경기, 인천, 대구, 부산, 충북, 제주 등 6명으로 지역사회학교운동에 대한 오리엔테이션 및 각종 실습을 통해 업무를 익혔다. 마지막 평가 시간에는 그동안 교육을 기반으로 각 협의회에서 체계적인 업무를 수행하기 위한 각오를 할 수 있었다고 말하였으며 오재경 실행이사장으로부터 임명장(정주영 회장명)을 받았다. 신임 간사들은 각 협의회에서 11월 23일부터 근무를 시작하게 된다.

(출처: 한국지역사회학교후원회, 새이웃 184호, 1987년 11월호)

■ 제3차 전국간사회의

지방의 지역사회교육운동의 실무를 담당하고 있는 시·도협의회 간사들은 9월 22일(금) 본회 강당에서 제3차 전국 간사회의를 가졌다. 2월부터 9월까지 경과보고를 통해 정보 교환을 하여 협의회 간의 활동 경험을 나누었으며 활동 방향을 정립해보았다. 업무 수행에 필요한 교육을 실시하여 업무수행능력과 자질 향상을 목적으로 실시한 회의에서 김종서 부회장은 "간사는 사회개혁운동을 주도하는 전문인이다"라고 하면서 신념과 주인의식을 갖고 전문인으로서의 활동을 당부하였다. 이어 주성민 총무의 진행으로 협의회별 경과보고를 하고 활동 중에 일어난 문제점들을 협의하여 해결 방안을 모색했으며, 경기협의회 백은숙 간사는 교사 대상으로, 제주협의회 홍숙희 간사는 운영회원 대상으로 지역사회교육운동 이념 소개의 시범 발표를 했다. 아울러 시·도협의회가 발행하는 새이웃 편집 방향과 지역사회학교 접근 방법에 대한 협의를 하였다.

■ 전국 지역사회교육 간사 세미나
– 주제 : 지역사회교육운동과 나

첫 간사세미나를 마치고 (김영옥 간사: 뒷줄 왼쪽 첫 번째)
•때 : 1990.8.22.~23. •곳 : 용인 현대인력개발원

전국의 간사 27명이 한자리에 모인 가운데 '일반인들의 눈에 우리의 모습이 어떻게 비쳐질까'를 함께 생각해보는 시간이 마련되었다. 이 시간은 지

역사회교육운동을 추진하는 실무자들 간의 학구적인 모임이었다는 데서 큰 의의가 있는데 앞으로 이런 자리를 정기적으로 가질 필요가 있다는 것이 이날 참가자들의 한결같은 얘기다. 전국 지역사회교육간사세미나의 목적이라면 사회과학의 한 영역으로서 지역사회교육운동에 관한 이해 도모, 간사의 역할 수행에 있어서 장애요인과 그 해결 방안 모색 등을 들 수 있다.

(출처: 한국지역사회학교후원회, 새이웃 218호, 1990년 9월호)

▶ **여러분 아시나요?**

　2025년 국가평생교육진흥원이 위치하고 있는 건물이 1969년 당시 학교 중심 평생교육을 추진했던 한국지역사회학교후원회 사무실이 위치한 무교동 현대빌딩 이었답니다. 건물을 다시 신축한 것이지요. 이런 우연이 있을까요?

3.
정주영 회장님 임명장을 받다.
'충북지역사회학교협의회 간사' 로 임명

　한 달간의 교육과 실습을 마치고 드디어 함께 동고동락했던 부산, 인천, 제주, 수원, 대구, 충북 지역의 간사 임명장 수여식이 이루어졌습니다. 지금으로 말하면 인턴을 마치고 정식 직원이 되는 것이지요. 오재경 실행이사장님이 임명장을 수여해 주었습니다. 오재경 이사장님은 문화공보부의 장관이었던 1969년 1월 한국지역사회학교후원회를 탄생하게 한 미국 영화〈To Touch A Child〉를 제공한 분이었습니다.

　저의 간사 임명장에는 당시 기관장이신 정주영 회장님(故 현대그룹 명예회장)의 성함이 적혀있었습니다. 영광이기도 하면서 더 큰 각오가 생겼습니다. 임명장을 받은 간사들에게 기관의 백명희 부회장님(이화여대 사범대 학장)이 간사의 자질과 기록의 중요성을 강조하는 말씀을 해주셨는데 오늘날 저에게 필기하는 습관이 되게 하였습니다.

　국가에서 평생교육사 자격증(전 사회교육전문요원)을 부여한지 1년이 된 1987년에 평생교육사 자격증을 활용할 수 있는 길을 열은 것이라고 할 수 있겠지요.

■ 1987년 10월 28일~ 11월 20일 신임 간사교육을 마치고 임명장을 받고 기념촬영

앞줄 – 왼쪽2 김영옥 간사, 왼쪽3 오재경 고문, 뒷줄 왼쪽4 김주선 간사

출처: 한국지역사회교육중앙협의회(1992) 한국지역사회교육운동 20년 1969~1989.

▶ 평생교육사를 양성하는 길이 예견된 길이었을까요?

이화여대 사범대학장님이신 백명희 부회장님은 당시 이화여대에서 사회교육전문요원(평생교육사)을 양성하는 담당 교수님이기도 하셨습니다. 이화여대 교육학과 졸업생이 최초로 평생교육사 자격증을 취득했으니 우리나라에서 처음으로 평생교육사를 양성했던 교수님이라고 할 수 있지요.

놀라운 일은 우리나라 최초로 평생교육사를 양성했던 교수님으로 부터 제가 평생교육사 직무교육을 받았으며, 2025년 현재 충북 지역에서 15년간 평생교육사를 양성하는 교수 역할을 하고 있으니 말이죠.

4.
주성초등학교에서 충북 평생교육을 탄생시키다
– 김근세 초대 회장(주성초교장)

1달간 서울 본부에서 간사교육을 마치고 1987년 11월 23일 부푼 꿈을 안고 지역사회학교 충북협의회 사무실인 주성초등학교 교무실로 출근을 하였습니다. 충북협의회장님은 당시 김근세 주성초교장이었습니다. 별도의 사무실이 없었고 회장의 근무지에 사무소를 두는 것으로 정관에 명시되어 있었기 때문입니다. 교무실 연구부장님 옆자리가 제 사무실 이었습니다. 집기는 업무를 추진하는데 필요한 책상, 의자, 캐비넬 1개씩이 전부였습니다. 그리고 새이웃 소식지와 회원 주소록, 임원 명단, 사업 추진 자료 등 캐비넬 한 칸도 안되는 문서를 가지고 업무를 시작해야 했습니다.

사회 경험이라면 조교 경험 8개월이 전부였던 24살 사회 초년생, 충북 평생교육 실무자는 오로지 한 명, 혼자서 학교중심 평생교육을 만들어가야 했습니다. 두려움과 설레임으로 업무를 시작했습니다.

| 주성초교 교무실
(한국지역사회교육충북협의회 사무실) | 주성초교 운동장과 강당
(한국지역사회교육충북협의회
장소로 활용) |

1987년대 말 우리나라 상황을 보면 초등학생 인구수가 많은 지역의 학교는 오전 오후반으로 나누어 2부제 수업을 하였습니다. 저의 근무지인 주성초등학교는 인구 밀도가 높은 청주시 도심지에 있는 학교이라서 2부제 수업을 하고 있었습니다. 교사도 90여명이나 되었습니다. 행정실은 별도로 없고 교무실에 행정주사 1분이 함께 근무하는 상황이었습니다. 교사들은 주로 교실에서 보내기 때문에 교무실에는 교감선생님, 서무선생님, 교무부장, 연구부장, 저(평생교육 실무자) 이렇게 5명이 근무하는 시간이 많았습니다.

처음에 교사들은 20대 여성이 교무실에 자리를 차지하고 업무를 보고 있는 모습을 의아해 했으며, 저 또한 부담으로 다가왔습니다. 연구부장 옆자리에 저의 책상을 끼워넣다보니 교사들의 책상이 밀려 불만을 표하는 분도 있었습니다. 하지만 학교 행사나 지역사회교육협의회 행사시에 선생들과 서로 도움을 주고 받다보니 친근해지게 되어 근무하는데 어려움은 없었습니다.

이처럼 1980년 후반 평생교육은 불모지였고 기반이 되어 있지 않은 상황에서 교육에 뜻있는 기업가(현대그룹 정주영 회장)의 지원을 받아 기업가와 평생교육 학자, 초중등 교육자, 실천가들이 중심이 되어 평생교육을 일구어 온 것을 알 수 있습니다. 또한 공공교육기관인 교육청과 학교, 국가부처 등 다양한 기관들도 협력하여 평생교육의 길을 함께 만들어 왔다고 볼 수 있습니다.

제3장

—

정주영 회장님이
지역사회교육충북협의회
(청주 주성초교)를 방문하다

1.
정주영 회장님 – 충북 평생교육 발전을 위해
한국지역사회교육 충북협의회 총회에 참석하다

열강하는 정주영 한국지역사회교육후원회장

충북지역사회학교협의회가 1985년 3월에 탄생되고 협의회장이 재직하는 주성초등학교 내에 사무실을 두고 실무자인 간사 1명을 1987년 11월에 채용하고 본격적인 업무를 추진하고 있던 1989년 6월 무렵으로 기억합니다. 본부 한국지역사회교육후원회 정주영 회장님께서 지역 조직 발전을 위해 충북협의회 총회에 참석하신다는 것입니다.

실무간사였던 저는 우리나라 최고 기업가이신 정주영 회장님을 충북협의회에 모시기 위해 본부와 협의해가며 '좋은학교만들기와 지역사회교육운동' 이란 주제로 충북협의회 연수 및 총회를 기획하였습니다. 충북협의회 유일한 실무자였기 때문에 임무가 막중하였습니다. 20대인 저 혼자의 실무력으로는 감당할 수 없었기 때문에 당시 김근세 충북협의회장님은 주성초등학교 교장선생님이셨고 주성초등학교가 평생교육 실천 학교인 지역사회학교이었기에 교직원들과 지역사회학교 운영위원회가 적극 추진해주었습니다. 그리고 충북 시군단위 추진위원회와 지역사회학교 활동 중인 초중등학교 교장선생님과 운영위원들도 적극 협력해주었습니다.

이처럼 충북의 지역사회교육운동 실천가들의 협력으로 실무자가 1명이었음에도 불구하고 수 백명이 모이는 행사를 빈틈없이 치러낼 수 있었습니다. 부담이 컸던 저는 협력의 힘이 얼마나 위대한가를 경험하는 값진 시간이었던 것 같습니다.

드디어 충북협의회 지역사회교육운동 연수와 총회가 열리는 1989년 8월 18일 운영진들은 설레임과 긴장감으로 이른 아침부터 나와 행사를 점검하였습니다. 학교를 지역사회학교(평생교육 학교)로 만들겠다는 의지가 있는 교장선생님, 교육 관계자, 어머니회 임원 수 백명이 모여들었습니다. 주성초등학교 넓은 운동장은 순식간에 주차장으로 변하였습니다.

정주영 회장님과 본부 임원진을 맞이하는 의전, 교장실에서 담소를 나눌 수 있는 티 타임 준비, 행사장으로 이동하는 동선, 행사장에서의 의전, 진행 등 밀도 있게 행사가 이루어졌습니다. 이어서 정주영 회장님과 함께 식사를 하며 전체가 마무리가 되었습니다.

평생교육 업무를 시작한지 1년 10개월만에 큰 행사를 기획하고 추진했던 경험은 다양한 평생교육 업무를 두려워하지 않고 추진할 수 있는 밑거름이 된 것 같습니다.

정주영 회장님의 충북협의회(주성초등학교) 방문은 지역 언론, 정보과 등에서 취재를 오는 등 지역사회에 큰 관심을 불러 일으켰고 충북지역사회교육 확산에 박차를 가하는 계기가 되었습니다.

2.
정주영 회장님 특강

– 청소년 교육과 시민 정신력에 집중하는 지역사회교육운동 전개

정주영 회장님은 특강을 통해 〈To Touch A Child〉 영화에서 실천하고 있는 지역사회학교운동의 정신의 중요성을 강조하고 학교를 학생들과 주민들의 배움터, 평생교육의 장으로 운영해 줄 것을 당부했습니다.

북한에서 넘어와 우리나라 최고의 기업을 일군 정주영 회장님이 평생교육에 관심을 갖고 전국 지역협의회를 조직하여 교육을 적극 지원하는 기업가 정신은 평생교육 활성화에 지대한 영향을 주었습니다.

특강의 내용은 당시 우리나라 사회문제 해결과 경제 발전을 위해 교육의 중요성을 강조합니다. 청소년과 시민교육에 총력을 기울여야 한다고 당부합니다.

이처럼 정주영 회장님의 청소년 교육과 평생교육에 대한 실천과 지원은 오늘날 평생교육을 발전시키는 원동력이 되었습니다.

지역사회 교육운동과 경제전망

"
이 나라를 걱정하는
모든 교육자와 정치인들은 청소년을 위해
모든 예산을 경중하고 시민들은
정신력을 경주하여 지역사회교육운동에
총력을 기울여야 한다고
생각합니다.
"

정 주 영/
한국지역사회교육후원회장

정주영 회장님 충북협의회 특강 내용 발췌 :
한국지역사회교육충북협의회(1989), 충북새이웃 제5호

지역사회교육 발전에 노력하고 계신 교육자 여러분 안녕하십니까?

오늘날 한국 사회는 세대 간, 계 층간, 지역 간, 집단 간 여러 문제들이 일시에 분출되어 나가고 있습니다.

그 많은 요구를 각 분야에서 어떻게 수렴하면서 이 사회의 질서를 잡아

나가느냐? 하는 의무를 가지고 각계 지도자는 오늘을 살아가고 있습니다. 오늘날 일시에 분출된 모든 현상을 어떻게 보면 혼란을 가중시키는 느낌마저 듭니다. 그리고 그 혼란은 우리 산업사회의 모든 혼란을 야기시켰고, 나아가서 교육 문제까지 영향을 주어 일부 국민이 교육의 근본까지 흔들고 있지 않느냐는 걱정까지 하게 되었습니다.

한국의 산업사회가 어려움에 직면하고 있는 것은 사실입니다. 이것은 임금을 많이 올려주어 어렵다고 말하지만 중요한 문제는 모든 기업자, 기술자, 중간관리자, 산업에 종사하는 근로자들의 자세가 흐트러져 있는 것입니다. 즉, 산업 자체만 문제가 있는 것이 아니라, 정치와 사회의 혼란이 직결되어 있기 때문에 국민의 정치 안정에 총력을 기울여야 합니다.

정치가 안정되면, 사회는 안정되고 경제가 안정되는 것입니다. 저는 한국 경제의 미래는 우선 현시점에서 긍정적으로 내다보는 근면 성실한 국민이 건재해 있고, 정치 혼란은 고비를 겪고 있기 때문에 곧 경제는 눈부시게 발전할 것이라고 긍정적이고 낙관적인 전망을 하고 있습니다.

또한 다시 새로운 물결을 타고 있는 정부의 북방 정책은 오늘날 우리 국가의 정치 안보를 튼튼하게 할 뿐 아니라, 경제의 새로운 돌파구를 열어주게 될 것입니다. 그리고 한·소 관계의 모든 국교도 정부의 노력으로, 뜻을 같이 하는 소련의 노력으로 머지않아 꼭 확립될 것으로 보고 있습니다.

오늘날 선진국에 들어가기 위해서는 경제도 중요하지만 가장 중요한 것은 교육의 문제입니다. 이 인구밀도에 잘 살 수 있는 길은 교육밖에 없습니다.

"어떻게 하면 교육을 고도화하느냐?"

그 길은 청소년에서부터 어떻게 하면 자세를 올바르게 가지게 하고, 고등교육에, 취직해서까지 올바른 정신 자세를 가지게 교육 시키느냐 입니다. 앞으로 지방자치제가 되면 모든 교육을 활발히 해서 인재를 기르는 것이 제일입니다. 인재들은 이 사회를 밝게 끌고 나갈 것입니다.

그렇기 때문에 오늘날 가장 현실 문제인 청소년 문제를 우리 지역사회 학교에서도 가장 중시 다루고 있습니다. 미미하지만 각 학교에서 어떻게 하면 좋은 학교를 만들 수 있는가? 결국은 좋은 청소년으로 어떻게 하면 인도하느냐? 학교 재학 중은 물론이지만 졸업 후 대학을 가든지 못 가든 지 간에 올바른 자세로 혼탁한 청소년 문제에 휩쓸려 들지 않고 명랑한 사회를 이끌어 가는 것이 중요합니다.

즉, 우리 사회를 지도하는 모든 사람들이 교육자들과 힘을 합하면 청소년 문제는 서서히 없어지리라고 봅니다. 그러므로 이 나라를 걱정하는 모든 교육자와 정치인들은 청소년을 위해 모든 예산을 경중하고 시민들은 정신력을 경주하여 지역사회교육 운동에 총력을 기울여야 한다고 생각합니다.

제가 교육자들 앞에서 교육을 이야기하여 너무 어색한 것이 많습니다.

더욱이 충북은 교육의 도시이고, 선비의 도시입니다. 교육자의 분발과 가장 모범적인 도가 되기를 간곡히 바라면서 이야기를 그치겠습니다.

3.
백명희 이화여대 학장님 특강

– 초중등 학교에서 평생교육 추진의 중요성 호소

정주영 회장님의 특강을 마친 후 한국지역사회교육후원회 조직위원장이신 백명희 이화여대 사대 학장님의 "지역사회학교운동과 좋은학교 만들기"라는 강의가 이루어졌습니다. 백명희 학장님은 이화여대에서 평생교육사 자격 과정을 최초로 운영했으며, 지역사회교육운동을 통해 평생교육을 실천하신 학자였습니다.

백명희 학장님은 제가 임명장을 받던 날 평생교육사의 자세를 말씀 해주셨으며, 이후 특강, 회의, 만찬 후 친교의 시간 등 여러 차례 뵈었던 모습이 지금도 선연합니다. 평생교육의 중요성을 설파했던 말씀, 차주원 충북명예회장님과 대담하는 내용을 새이웃 소식지에 게재하는 인터뷰를 하기도 했고, 청주에 다른 업무로 내려오셨을 때 함께 식사를 나누시며 평생교육 전문가로서의 자세를 말씀해주셨던 기억이 선연합니다. 하지만 지병으로 몇 년 후에 세상을 떠나 더 이상 뵐 수가 없게 되어 안타까움으로 많은 분들이 애도하였습니다. 백명희 학장님의 평생교육 울림은 아직도 제 마음속에 담겨 있습니다.

행사를 마치고 백명희 학장님과 함께
(오른쪽부터 김근세 회장, 백명희 학장, 김영옥 간사)

지역사회학교운동과 좋은학교 만들기

백명희 / 한국지역사회교육후원회 조직위원장 (이화여대 사범대학장)

"저는 지역사회학교운동이
한방울의 물방울운동이라고
생각합니다.
물방울인 모든 학교가 모아질때
큰강을 이루는
운동을 하는 것입니다."

선생님들 만나 뵙게 되어 반갑습니다. 편안히 쉬실 수 있는 날, 멀리서 가까이서 와서 귀한 시간에 모인 이 자리에서 제가 선생님들 앞에서 말씀드리게 된 것을 영광으로 생각합니다. 아까 김종서 선생님 말씀이 "지역사회학교운동은 한국의 미래를 열 수 있는 그러한 하나의 운동이다"라는 말씀에 20년 전에 시작한 이 운동이 지금 필요하고, 지금보다는 10년 후에 더 필요한 혹은 100년 후에 더 필요한 운동이 아닌가? 라고 저 나름대로 생각했습니다.

저는 이 운동과 인연을 맺고 생각한 것이 "한국이 미래를 여는 데 하나의 가장 중요한 계기가 될 수 있는 단체가 바로 지역사회학교 아니겠는가? 그 중요한 생각을 왜 20년 전에 했는가? 오늘날 왜 이 운동이 활발하게 전개되어야만 우리 사회가 발전할 수 있는가?" 이런 것을 제 나름대로 신념을 가지고, 제가 아무리 바빠도 스스럼없이 지금 이렇게 참여하고 있습니다.

어느 사장님이 신입사원 50명을 뽑는데 40명이 서울대생이더래요. 그런데 얼마 후에 일류기업체에서 스카웃 해가는 거예요. 그래서 금 년에는 40명을 일류대학이 아닌 학생을 뽑았는데, 사람을 잘 뽑았다는 거예요. 첫째, 머리가 좋아요. 둘째, 자세가 좋아요. 기발한 질문까지 하더래요.

우리 교육의 폭은 좁기 때문에 더 많은 가능성과 자질이 잠재해 있는 아이들이 많은데 못나고 힘없는 아이라고 낙인찍어 버리는 겁니다. 그 아이가 소위 문제아가 되기 때문에 공부도 더 못하고 악순환이 되는 거죠. 앞으로 지방자치제를 앞두고 교장 선생님께서 가지고 계신 아이디어를 선생님들, 학부형님들과 같이 의논하시어 쭉쭉 뻗어 나가는 그러한 살아있는 학교를 운영하셔야 하며, 학생을 사랑하고 교육에 대한 열정을 갖고 준비하는 그런 우리 교육자들의 자세가 매우 중요합니다. 또한 어머니들은 지역사회학교에 나오셔서 우리 자식의 교육을 어떻게 해야 하겠다는 것을 가정에서, 학교에서 논의하고 같이 실천해야 합니다.

우리가 청주 주성국민학교 지역사회학교 운영회가 조그만 일을 한다고 해서 우리나라 발전에 큰 변화가 오느냐? 라고 생각할 수 있겠지만, 저는 지역사회학교운동이 한 방울의 물방울 운동이라고 생각합니다. 물방울인 모든 학교가 모아질 때 큰 강을 이루는 운동을 하는 것입니다. 그리고 지역사회학교운동은 문제를 찾기보다는 찾아놓은 문제를 해결하고 실천하는 운동입니다. 또한 이웃 문제, 내 자식만이 아닌 남의 자식의 문제까지도 해결해

주려는 공동체 의식의 유래가 이웃 정신을 형성하는 운동이라고 봅니다.

　교장 선생님들 하시는 일도 많으시지만, 그중 시간을 좀 내셔서 우리 어머니 회원들이 지역 발전과 자녀 교육을 위해서 뭔가 일을 하시려 할 때 아이디어를 주시고 적극적으로 지원해 주시면 감사하겠습니다.

4.
김영명 충북협의회 부회장님 참가 소감

– 교장으로서 지역사회교육운동의 책무와 실천을 다짐

1989년 8월 충북 지역사회교육협의회 연수 및 총회에 참석했던 김영명 충북협의회 부회장님의 참가 소감문을 충북 새이웃 5호에 게재하였습니다. 김영명 부회장님은 복대초등학교 교장 선생님으로 복대초교를 지역사회학교 만들기에 많은 노력을 기울였습니다. 다음 장에서 소개하겠지만 복대초등학교내에 평생교육이 열릴 수 있는 지역사회 교실을 증축하기도 하였습니다. 소감문에서 교장으로서 지역사회교육운동의 책무와 실천을 다짐하는 것을 엿볼 수 있습니다.

본부 정주영 회장님의 충북협의회 참석은 1990년대 초중등학교에서 평생교육의 꽃을 피우게 되는 계기가 됩니다.

충북 새이웃

참 가 소 감 : 지역사회학교 연수 및 총회를 참석하고서

모두가 참여하고
모두가 성장하는 사회 건설

김 영 명/한국지역사회교육 충북협의회 부회장(청주복대국민학교장)

충북지역사회학교 연수 참가 소감 발췌 – 정주영 회장님과
평생교육 전문가 특강 참가 소감

출처 : 한국지역사회교육충북협의회(1989), 충북새이웃 제5호

학교는 해당 지역사회의 교육적 필요를 충족시키기 위하여 발달된 것이기 때문에 어느 사회에서나 그 지역사회 구성원의 교육을 담당하고 있는 중요한 기관이다. 그러나, 오늘날 학교와 지역사회의 관계를 보면 지역 주민들은 학교를 전통적으로 학생이나 교육하는 기본적인 국가 기관으로 생각하고 있으며, 학교도 학생들이나 교육하는 것이 전부인 것처럼 인식되고 있는

것이 현실이다.

학교는 지역사회 안에 있고, 지역 사회는 교육과정이다. 학교의 울타리는 실제적으로나 상징적으로 헐어버리고 지역사회 전체를 학습의 場으로 활용하는 한편, 지역사회 주민들이 학교를 자신들의 교육을 위하여 활용하게 만들자는 것이다.

따라서 학교의 교육과정이 지역사회화하고 지역사회의 자연적 인적자원이 교육을 위하여 개방되어 평생교육의 장으로 이용하는 즉 학교는 지역사회의 꽃이 되고 꽃향기가 온 지역사회에 퍼지는 場이 되며 지역사회는 교육의 꽃을 피우는 밑거름의 場이 되는 상호 불가분의 관계가 되어 꽃향기를 서로 주고받는 따스한 새이웃의 상호 공감대가 형성되어 일로 매진할 때 더 좋은 학교 더 좋은 지역사회가 될 것이다.

팔월 무더위가 누르는 땡볕의 햇살을 받으며 지난 8월 18일 한국지역사회교육충북협의회 주관으로 지역사회 학교 운동에 관심이 많은 교장 선생님 어머니회 회장과 회원 담당교사 등이 참석한 가운데 청주 주성국민학교 강당에서 1989년도 연수회 및 총회가 성황리에 개최되었다.

이 자리에서 한국 지역사회 교육후원회 상임부회장이시고 교육계의 원로이신 김종서 박사께서 지역사회학교 운동은 작은 운동에서 큰 운동으로 작은 물결에서 큰 물결로 번져 최고의 실적보다는 최선의 과정을 중시한다고 말씀하시며 지역사회 학교 운동의 배경 및 필요성을 역설하시는 데에는 저 높으신 덕망과 학식, 또한 지역사회 학교 운동에 노후를 바치겠다는 정열과 교육적 관심에 저절로 머리가 숙여졌고 지금까지 무엇을 했나? 하는 죄책감에 사로잡혔다.

이어서 한국지역사회교육후원회 조직위원장이시며 이화여대 사대 학장이신 백명회 교수께서 "지역사회 학교 운동과 좋은 학교 만들기"라는 주제를 중심으로 명강의가 있었다.

교사와 학부모, 교사와 학생, 교사와 교사 간의 관계를 친밀하게 이끌고 참만남을 통하여 "새이웃"을 형성, 서로 신뢰하는 풍토를 조성하고 학교의 사회화,사회의 교육화를 역설하시는 명강의에 많은 참가자들이 감명을 받았으며 본인은 지역사회 학교 운동의 세찬 바람을 일으켜야겠다는 새로운 마음의 다짐을 갖게 되었다.

또한 후원회장이시며 현대그룹 정주영 회장님께서 특강이 계셨는데, 그 바쁘신 일과에도 불구하시고 내청하여 지역사회 학교 운동에 쏟는 정열에 감탄하지 않을 수가 없었다.

뿌리를 내린 지역사회학교운동에 몸담은 것을 다행으로 여기고, 오직 열매를 맺히기에 앞으로 앞으로도 안간힘을 쓸 것이다. 8월의 따뜻한 햇살에 꽃을 피울 수 있던 보람에, 또 따사로운 지역사회 학교가 발돋움할 수 있었던 점에 고마워하면서 열심히 고개를 쳐들어 버티어 낸 스스로의 지역사회학교 운동에 자부심과 긍지를 가지고 지역사회학교운동이 모두 가 참여하고 모두가 성장하는 사회를 이룩하는데 자그만 힘이나마 기여할 수 있도록 심혈을 기울여서 꽃을 피우고 알찬 열매를 맺도록 노력할 것을 다짐해 본다.

제4장

—

정주영 회장님 주관,
지역사회교육운동 심포지엄、세미나、
연수를 개최하다

1.
정주영 회장님과 평생교육 학자 실천가 중심
이사연구 모임

■ 지역사회교육운동(학교 중심 평생교육)의 방향 정립

1979년부터 매년 1-2회 실시된 이사 위원연구모임은 한국에서 지역사회교육운동의 방향을 정립 하고 해마다 실천과제를 선정하는 등 획기적인 도약의 기반을 마련하는데 도움을 크게 주었습니다.

이사위원 연구모임을 주재하는 정주영 회장님
좌측부터 김종서 부회장, 정주영 회장, 강신호 부회장
출처: 한국지역사회교육중앙협의회(1992) 한국지역사회교육운동 20년 1969~1989.

한국지역사회학교후원회는 정기적으로 정주영 회장님이 주재하는 시도 협의회장 연수, 지역사회학교 임원 연구모임을 개최하였습니다. 당시 지역사회교육협의회 주요 사업이 학교를 평생교육의 장으로 만드는 일이었기에 전국 협의회장은 대부분 현직·은퇴 교장선생님이 맡고 있었습니다. 충북지역사회학교협의회는 회장과 간사 1명이 근무하는 형태이었기에 간사인 저는 여러 차례 이사연구 모임에 참석할 수 있었습니다.

임원 연구모임에서 우리나라 기업의 총수인 정주영 회장님이 바쁜 일정에도 참석하여 책상을 함께 정리하며 지역사회학교운동 발전 방안을 함께 모색해가는 모습을 볼 수 있었습니다. 이렇게 근거리에서 지역사회교육운동, 평생교육에 참여하시는 정주영 회장님을 보면서 자연스럽게 지역사회교육운동의 중요성을 체득해 갔습니다.

또한 정주영 회장님이 주재하는 연수에는 우리나라 평생교육 1세대라 할 수 있는 김종서 덕성여대 총장님, 이상주 교육부 총리님, 김신일 교수님, 정원식 장관님, 백명희 학장님, 김인자 교수님, 전성연 교수님, 최일섭 교수님, 이연숙 장관님, 백정란 이사님, 당시 주성민 총무님 등이 지역사회교육운동 발전 방안 연구와 만찬까지 참여하는 모습을 볼 수 있었습니다.

당시 20대 후반이었던 저는 교과서에서만 뵈었던 교육학자, 평생교육학자, 실천가 분들의 한 말씀 한 말씀을 마음속에 새기면서 지역사회교육운동의 정신, 평생교육의 가치를 알아갈 수 있었습니다.

이처럼 1980년대 평생교육은 지역사회학교운동 철학을 갖고 학교 현장에서 실천해 나가고 있었으며, 우리나 평생교육 학자와 실천가 분들이 지역사회학교운동으로 평생교육을 확산하였다고 할 수 있습니다.

■ 이사·위원 연구모임 개최

1989년 9월 23일(토)~24일(일) 경기도 양평에 있는 한국방송광고공사 남한강 수련원에서 1989년도 본회 이사·위원 연구모임이 개최되었다. 이사·위원, 시·도협의회장, 실무자 등 총 61명이 참가한 가운데 진행된 이번 이사·위원 연구모임은 본회 창립 20주년을 맞아 과제와 전망을 연구하는 모임이 되었다.

 일정은 세 가지 주제에 대하여 집중적인 토론을 통해 사무국이 해야 할 일을 찾기 위해 주제 발표와 토론으로 진행되었다. 23일 개회식에 이어 김승한 교수(한국방송통신대)의 '한국지역사회교육운동 새 위상 정립'에 대한 주제 발표가 있었다. 강의식 자리 배치를 즉석으로 전체 토론장으로 바꾸어 백명회 교수의 사회로 토론에 들어갔다. 다음날 아침 7시에 아침 식사를 마친 참석자들은 8시에 제2주제인 '후원회의 정책 방향'에 대한 발표를 본회 김종서 부회장으로부터 듣고 토론에 들어갔는데, 이때 사회는 이상주 울산대 총장이 맡았다. 11시까지 열띤 토의를 하고 잠시 휴식 시간을 가진 후 제3주제로 들어갔다. 세 번째 주제는 본회 주성민 총무의「지역사회학교 운영과 프로그램」에 관한 문제점과 과제였다. 토론 진행은 황종건 연구개발 위원장이 맡았으며 1시까지 계속되었다.

▶ 1989년 이사·위원 모임 참가
  (김영옥 간사)

• 때 : 1989. 9. 23~24.

• 곳 : KBS남한강수련원

• 참석 : 이사·위원, 시·도협의회장, 실무자
  등 총 61명

• 목적 : 본회 창립 20주년을 맞아 과제와
  전망을 연구하는 모임

▶1989년 이사·위원 모임 참가 (김영옥 간사: 활동하고 있음)

2.
이사·위원 연구모임 주제발표

한국지역사회교육후원회는 20주년을 맞이하는 길목에서 이사·위원 연구 모임을 개최하였습니다. 이 모임에서 1969년~1988년 20년의 성과를 기반으로 평생교육의 1세대인 김종서 후원회 부회장님이 정책 방향을 제안하였습니다. 또한 실무책임자인 주성민 총무님은 지역사회학교의 운영와 프로그램 평가 및 방향을 제시하였습니다.

이는 우리나라에 1982년 사회교육법이 제정되고 7년이 되던 해인 1989년 당시의 평생교육의 방향이라고 할 수 있습니다.

김종서 교수님은 지역사회교육운동의 발전 방향, 즉 초중등학교 중심의 평생교육의 발전 방향을 제시하였습니다. 평생교육 1세대인 김종서 전 서울대 교수님이 1989년 당시 초중등학교에서 어떤 방향으로 어떻게 평생교육을 전개해야 하는지 제시한 내용을 소개합니다.

김종서 교수님은 적은 규모의 재정과 인력으로 전국의 157개 시군 중에 41개 시군에 추진회를 만들고 단체회원으로 가입한 학교도 373개교나 되는 양적 평창이 이루어진 것에 긍정적인 평가를 하면서 지속 발전을 위해 질적 운영에 관심을 쏟아야 함을 강조합니다.

주성민 총무님은 초중등 학교에서 평생교육을 운영하는 실천 조직, 지도력, 지속성, 이념에 대한 이해 부족, 재정, 목표. 프로그램 구성 및 홍보, 실용성, 프로그램 운영 방법 등의 문제점을 진단하고 발전 과제를 제시하였습니다.

1989년에는 평생학습도시 개념, 읍면동 평생학습센터 개념도 없었기 때문에 한국지역사회학교 후원회가 지역주민이 근 거리에서 학습할 수 있는 초중등학교를 평생교육의 장으로 만들고, 이를 추진할 시도협의회와 시군구 추진협의회를 조직한 것을 알 수 있습니다. 36년이 흐른 2025년 평생학습 현장과 비교해 볼 때, 시도협의회는 평생교육진흥원 및 평생학습도시 역할이라 할 수 있고 초중등학교 지역사회학교 활동은 읍·면·동 평생학습센터의 모습이라고 볼 수 있습니다.

　우리나라에 평생교육 이념을 전파하고 평생교육 선구적으로 추진한 김종서 부회장님과 우리나라 평생교육의 1세대 실천가인 주성민 총무님의 제안이 36년이 지난 현 시점에서 평생교육을 추진하는 평생교육관계자와 학습자들에게 중요한 시사점을 제시했다고 볼 수 있습니다.

출처: 한국지역사회교육후의회, 새이웃 통권 207호, 1989년 10월호

■ 한국지역사회교육후원회의 정책방향

– 1989년 이후의 초중등학교 평생교육 운영 방향 제시

 (김종서 후원회 부회장)

한국지역사회교육후원회가 발족한 한 지 20주년이 되었다. 그간의 업적에 대한 평가는 양적, 질적인 양측면에서 이루어져 하는데 양적인 측면에서는 최근 몇 해 동안에 눈부시게 발전하였다. 13개 시도 모두에 협의회가 조직되고, 전국의 157개 시군 중에 41개 시군에 추진회가 생겼으며 단체회원으로 가입한 학교도 373개교나 된다. 이와 같은 추세로 발전한다면 앞으로 몇 해 안에 적어도 양적인 측면에서는 이 운동의 뿌리가 이 나라에 정착될 것이다.

그러나 문제는 질적인 측면에 있다. 질적인 측면은 비가시적인 특징이 있기 때문에 이 운동이 질적으로 이 나라에 어느 정도 정착되었는지를 평가하기가 어렵다. 질적인 측면은 이 운동의 특성으로 보아 영원

히 추구해야 할 이상이지 결코 완성될 수 있는 과제는 아니다. 이러한 관점에서 볼 때 앞으로의 정책 방향은 양적인 측면보다 질적인 측면에 보다 역점을 두어야 한다고 판단된다.

따라서 향후 3년간의 정책 방향은 질적인 데 치중하면서 신중하게 양적 팽창을 가져와야 할 것이다. 여기에 제시된 정책 방향은 종래에 없었던 새로운 방향을 제시한 것은 아니며 지금까지의 정책 방향을 정리하고 문제점을 부각시켜 표면화시켰을 뿐이다. 그 까닭은 정책의 일관성을 유지하기 위함이며 그것보다 중요한 것은 종래의 정책 방향이 타당하였다고 판단되었기 때문이다. 그것은 후원회가 적은 재정 규모와 인력으로 이렇게 큰 성과를 이루어 놓은 것을 보아도 알 수 있다.

전략적 과제는 정책 방향과 관련이 있는 구체적인 사업의 방향, 내용, 방법을 뜻한다. 정책방향과 전략적 과제의 관계는 1대1의 대응 관계에 있는 것이 아니라 포섭적 상관적 관계에 있다. 전략적 과제에는 현재 시행되고 있는 과제도 있으며, 앞으로 시행되기를 바라는 과제도 있다.

전자의 경우는 확대 강화이며 후자는 일종의 제언이다. 장기적 발전을 위한 제언은 후원회가 앞으로 100년, 200년 또는 그 이상의 영속적 발전을 위하여 필요한 기본적 조치에 관한 제언이다. 그리고 이 구상에 두 가지 점이 제외되었음을 첨언 한다.

그 하나는 전략적 과제를 수행하기 위한 재정 판단이며, 다른 하나

는 지역사회교육연수원 설립에 관한 제 문제이다. 이 두 가지는 별도의
계획에 따르도록 한다.

정책 방향

[기본 관점]

1. 지역사회교육운동 전반에 걸친 활동보다 지역사회학교운동에 역
   점을 둔다.
2. 지역사회교육운동에 있어서는 지역민의 필요에 따라, 교육의 주
   요 문제에 대하여 관심을 표시한다.
3. 지역사회교육운동의 목표는 "좋은 학교 만들기" 와 "사회의 교육
   화"에 둔다.
   1) 좋은 학교 만들기에는 학교와 지역사회의 유대 강화, 학교의
      물리적 환경 개선, 교사 존경 풍토 조성, 학생들의 교육 효
      과 증진 등이 포함된다.
   2) 사회의 교육화에는 학교시설 설비의 개방, 주민을 위한 평생
      교육, 지역사회 환경 개선, 건실한 청소년 지도, 지역사회 봉
      사활동 등이 포함된다.

4. 지역사회교육운동의 성과는 각종 위원회의 활동에 달려 있는바 위원회 활동의 활성화를 위하여 적극 노력한다.

5. 지역사회교육운동 성패의 최종 기준자는 단위 학교 운영회인바 본부, 협의회, 추진회에서는 단위학교 운 영회 활동에 보다 적극적인 관심을 표시하고 이를 지원한다.
   (여기에서 단위학교 운영회는 평생교육을 실천하는 초중등학교 운영회를 말한다)

6. 지역사회교육운동은 민간운동임을 인식하고 필요에 따라 정부의 적절한 협조를 얻도록 한다.
   1) 정부의 적극적 협조는 본 운동이 관주도형으로 오해하기 쉽고, 소극적 협조는 본 운동을 위축시킬 우려 가 있음으로 필요에 따라 적절한 협조를 얻도록 한다.
   2) 본부 및 협의회에서는 수시로 본 운동의 필요성 및 활동 내용을 정부 당국자(문교부, 교육위원회, 교육 청)에게 홍보한다.
   3) 정부의 적절한 협조를 얻기 위하여 실시하는 교육장 세미나에 교육위원회의 학무국장도 참여시킨다.

[추진방향]

7. 지역사회교육운동은 각 지역 및 학교의 자율적 노력에 기초를 두고 전개한다.

8. 지역사회교육운동을 영속적인 운동으로 전개하기 위하여서는 점진적 발전을 기반으로 한다.

9. 지역사회교육운동은 지역이나 학교의 실정에 알맞는 다양성을 지니도록 한다.

    1) 협의회, 추진회, 운영회는 그 지역의 설정에 알맞은 조직이나 참여 방식을 가지도록 한다.

    2) 협의회, 추진회, 운영회는 프로그램, 활동 내용에 있어서 그 지역의 특성을 충분히 고려한 다양성을 띠 도록 한다.

    3) 운영회의 프로그램은 대도시, 도시, 농촌 지역에 따라 달라야 하며 이에 모형 개발이 요청된다.

10. 지역사회교육운동은 실적 위주의 결과보다는 최선을 다하는 과정을 중시한다.

    1) 가시적인 실적 위주의 활동보다는 민주적 과정을 존중한다.

    2) 자원봉사자 및 회원들이 최선을 다하는 자발적 활동을 전개하도록 유도한다.

[지도성 및 교육]

11. 지역사회교육운동에서는 지도성이 더욱 발전될 수 있도록 힘쓴다.

    1) 지역사회교육운동은 이 운동에 대한 신념이 투철한 지도자에 의하여 추진될 때 내실을 기할 수 있다.

    2) 지도성의 단절 현상이나 율동 현상이 나타나지 않도록 지도자를 발굴하고 지도자 교육을 강화한다.

12. 지역사회교육운동은 민간 운동이나 그 주도성은 지역의 실정에 따라 운영회장, 교장, 지역 유지 등으로 한다.

[조직]

13. 지역사회교육운동의 핵심은 단위 학교이며 이 운동의 선도적 역할을 담당하는 단위 학교의 시범적 활동 에 의하여 다른 학교에 일반화하도록 한다.

    1) 본 운동에 참여한 모든 학교가 시범적 활동을 전개하여 여타 학교에 일반화한다.

    2) 필요에 따라 시도협의회, 시군 추진회에서는 시범학교를 지정하여 운영한다.

14. 지역사회교육운동의 중앙과 지방 및 학교 조직과의 관계는 수평

적 환류적 관계를 유지하도록 한다.

15. 지역사회교육운동이 시도별로 균형적으로 발전할 수 있도록 한다.

■ **지역사회학교의 운영과 프로그램 문제점 및 과제**

 – 초중등학교 평생교육 운영 과제 제시 (주성민 후원회 총무)

[운영상의 문제점]

1. **명칭 사용의 혼선** : "○○ 지역사회학교 운영회" 라는 명칭 사용에 익숙하지 않고 "어머니 교실" "어머니회"와 혼용되는 경우가 적지 않다. 이는 관 주도의(새마을) 어머니회를 그대로 지역사회학교 운영회로 명칭만 바꾸어 지역사회학교로 발족되기 때문에 생기는 현상으로 보여 진다.

2. **운영주도 유형에 따른 문제** : 지역사회학교의 운영은 교육 전문가인 교장과 교사, 그리고 교육 비전문가인 지역주민(학부형)들이 함께 운영하도록 하고 있으나, 학교에 따라서는 교장이 거의 모든 일을 주도하면서 운영회는 부분적으로만 참여시키는 학교, 교장이 적극적인 주체가 되면서도 운영회를 최대한 참여시키는 학교, 또는 운영회가 주도하면서 교장이 이에 협조하는 형태의

학교가 있다. 그런가 하면 운영회가 주도적으로 활동하는데 교장이 무관심하거나 심지어는 비협조적인 학교도 있다.

3. **지도력의 전문성 · 지속성 결여** : 현재 지역사회학교 운영회가 효율적으로 일을 수행해 나가지 못하는 제약 조건이 많이 있다. 첫째로 비슷한 연령층의 어머니 중심으로 조직되어 있어 지도력의 전문성이 부족하다는 점이고, 둘째는 임원의 임기가 대체로 1년이기 때문에 지도력이 지속되고 축적되지 못한다는 점이다. 후원회로서도 매년 새 사람을 교육시켜야 하는 어려움이 있고, 신임 임원들이 전임자들과 지속적인 관계를 유지하지 못해 지도력의 단절 현상이 심화 되고 있다.

4. **시설의 제한성과 빈약성** : 대부분의 학교들은 겨우 과학실, 교무실, 도서실 등을 그때그때 활용해서 프로그램을 운영하고 있다. 마이크 시설도 없고, 책상 · 의자도 불편하여 강사와 참가자에게 어려움을 주고 있는 실정이다. 이용시간도 오후 2시에서 5시까지로 한정된 경우가 많고, 방과 후 시간의 이용은 학교가 매우 꺼려 불가능한 형편이다.

5. **자발적인 참여의 제한** : 새 학년이 시작될 때 반별로 몇 명씩 배정하여 회원을 모집하는 학교가 많은데, 이렇게 되면 참여하고 싶은 사람은 참여하지 못하고 원하지 않는 사람이 마지못해

참여하게 되는 결과가 된다. 이렇게 타의에 의해 가입한 회원들이 적극적인 자세로 소속감을 갖고 임하기는 어려워진다. 회원의 지역사회학교운동 이념의 이해 부족–참여동기가 자발적이지 않은 경우에 두드러지게 나타나는 문제이기도 하지만, 회원들이 사무적인 절차나 단순한 활동에 참여하기 이전에 지역사회학교운동의 이념을 충분히 전달하고 이해시키는 노력이 부족한 것으로 나타나고 있다.

6. **재정의 편중적 집행** : 취약한 여건에 있는 학교를 돕는 일이나, 학교의 기대에 부응함으로써 학교와의 원활한 협력의 터전을 마련하는 것도 의미 있는 일이지만, 어느 정도 균형된 재정 집행이 이루어져야 회원들도 의욕을 가지고 지속적으로 활동할 수 있을 것이고, 운영회 본래의 목표 달성도 가능할 것으로 본다.

[프로그램에서의 문제점]

7. **불명료한 목표설정** : 적지 않은 프로그램이 분명한 목표를 갖고 있지 못하거나 본래의 취지와는 상당한 거리가 있음을 보여주고 있다. 목표가 분명치 못하면 프로그램의 내용이나 운영방법에서 더욱 많은 문제가 생겨나게 된다.

8. **프로그램 홍보의 소극성** : 회원만을 위한 프로그램을 제외한

지역사회학교의 일반 프로그램에는 지역사회 주민들의 폭넓은 참여가 이루어지도록 하여야 하는데, 많은 경우 소극적인 홍보에 그쳐 그 학교의 학부형 모두에게도 알리지 못하고 있다.

9. **어머니 중심의 활동** : 운영회의 조직력이 신장되고 연륜이 쌓임에 따라 어린이, 청소년, 아버지, 노인 등 여러 주민 계층으로 프로그램이 확대되어야 하는데, 초기의 활동 모형이 그대로 답습되어 어머니 중심의 활동에 머무르는 경우가 많다.

10. **단순한 프로그램의 구성** : 월례회 또는 월례회를 겸한 교양강좌 정도를 주요 프로그램으로 삼고 있는 지역사회 학교의 수가 적지 않다. 일시에 다양한 프로그램을 개발 · 추진하는 데는 능력의 한계가 있을 것이지만 점진적인 확대 발전을 도모해야 할 것으로 본다. 실용성의 결여—실용성이 강한 프로그램일 때 학습의욕도 높아지고 적극적인 참여도 가능해진다.

11. **프로그램 방법의 제한성** : 프로그램이 운영 방법에 있어서 강의 일변도이거나 겨우 시범을 보여주는 정도에 그치는 경우가 많아, 학습에의 구체적인 참여가 소극적인 정도에 머무르고 있다.

12. **지역자원 발굴의 소극성** : 큰 도시지역의 경우에는, 그 지역사회 안에서 훌륭한 인적 · 물적 자원을 발굴해낼 수가 있다.

그런데도 이름난 유명 강사만을 선호하고, 지역사회 안에 어떤 자원이 있는지 알려고도 하지 않는 경우도 볼 수 있다. 그러나 농촌지역에서는 전문가를 비롯한 각종 자원이 부족해서 이 운동의 활성화에 큰 제약 요소가 되고 있다.

13. **지역사회의 필요에 부응하는 프로그램** : 지역사회학교운동은 궁극적으로는 지역사회 발전에 기여하고 지역사회의 분위기를 바꾸어 놓는 일을 목표로 한다. 이러한 일이 가능하기 위해서는 운영회 임원을 비롯한 참여 주민들이 우리 지역사회의 주민이라는 확고한 의식을 가져야 한다. 그리고 지역사회가 당면하고 있거나 필요로 하는 과제들에 적극적인 관심을 기울여야 한다.

[앞으로의 과제]

1. **현장에 밀착하는 노력 필요** : 후원회와 협의회의 이사 · 위원 · 간사들이 지역 현장에 자주 나가서 이 운동의 이념을 보급하고 활동을 격려 · 지원하여야 한다. 또한 회원들이 모두 이 운동의 취지를 올바로 이해하고 소속감을 가질 수 있도록 현재 한 지역사회학교에 3~5부 밖에 배부되지 못하고 있는 "새이웃"을 전 회원이 받아볼 수 있는 방안이 강구되어야 하겠다.

2. **운영회 지도력의 강화** : 폭넓은 회원 규합에 노력하는 한편, 임원들의 임기를 1년에서 2년으로 늘이도록 권장할 필요가 있다.

3. **교사의 참여 확대 · 강화** : 참여 학교의 교사 전원에게도 이 운동을 알리는 데 노력하여야 한다.

4. **지역사회교실의 확보** : 모든 지역사회학교가 "지역사회교실"을 별도로 설치할 수 있도록 학교와 교육행정당국의 협조를 적극 추진해야 한다.

5. **중점 실천 과제의 추진** : 지역사회에서 필요성이 높고 실시할 여건이 좋은 한두 가지 과제를 집중적으로 추진하여야 할 것이다. 지역연합회의 조직과 활동─청소년 지도나 부모역할 교육 등 상당한 전문성을 필요로 하는 사업의 경우 지역연합회 차원에서 추진하는 것이 도움이 될 수 있다. 지역연합회는 운영회 임원출신자와 지역 유지, 그리고 전문인사 등을 광범위하게 규합함으로써, 단위 지역사회학교의 활성화에도 크게 기여할 수 있을 것이다.

6. **정보교환 기회의 확대** : 시 · 도간의 교류도 강화될 필요가 있으나, 우선은 앞서 제시한 지역연합회의 차원에서, 인근 지역사회학교 간에 정기적인 임원간담회(**경험교류회**)를 개최하는 것이 큰 도움을 줄 수 있다고 본다.

7. **지역사회문제 해결에의 기여** : 지역사회학교운동의 이상은 이 운동에 참여하는 주민 개개인의 성장과 보람을 바탕으로 더 좋은 가정, 더 좋은 학교, 더 좋은 지역사회를 만드는 일에 있다. 그러기 위해서는 주민들이 자주 만나서 이야기를 나누는 가운데, 지역사회의 문제를 발굴하고, 이 문제를 주민 공동의 노력으로 해결해 보겠다는 주인의식을 확고히 하여야 한다.

3.
평생교육 실천을 위한
전국 교육장 연수를 개최하다

한국지역사회교육후원회는 전국의 초중등학교에 평생교육을 확산하기 위해 전국 시·군 교육청 교육장을 대상으로 지역사회교육운동 세미나를 개최해왔습니다. 학교를 평생교육의 장으로 만들기 위해서는 교육장의 지원이 중요하기 때문에 해마다 교육장 세미나가 개최되었습니다. 당시 간사였던 저는 세미나에 함께 참석하여 충북의 시군 교육장님과 관계를 형성하고 시·군 단위 평생교육 세미나 추진 계획도 함께 수립하였습니다.

1999년 열렸던 교육장 세미나 내용을 소개합니다.

■ 제7차 전국교육장 세미나

- 교육행정가로서 평생교육 활성화에 어떤 도움을 줄 수 있을까? 방안 모색

지역사회학교운동과 민주시민/강의

이상주 / 울산대 총장

한국에 민주주의가 수용되기 시작한 것은 해방 이후이나 의식구조, 행동양식, 성격형태로서의 민주주의, 생활양식으로서의 민주주의는 아직 정착되지 못하고 있다. 사회발전은 제도의 개혁과 의식개혁이라는 두 수레바퀴에 의해 이루어질 수 있는데 의식개혁의 일차적 책임은 교육에 있다. 그러나 과연 교육이 해방 후 학교교육을 받은 오늘의 정치인, 젊은 대학생, 일반국민을 과연 민주적인 시민으로 성장시켰는가? 학교는 민주주의에 대한 지식만 가르쳤지, 진실로 민주주의(생활양식)를 가르치지 못했다. 학교의 민주교육과 민주행정은 상호 보완관계에 있는 것이다. 그러나 학교만이 한국사회의 비민주성의 모든 책임을 질 수는 없다. 가치교육과 윤리교육에 있어서는 학교교육의 한계가 있기 때문이다. 가정, 이웃, 거리, 직장에서 민주적인 생활을 체험하지 못한다면 학교의 민주교육이 큰 효과를 얻을 수 없는 것이다. 지역사회학교 운동은 학교가 지역사회의 교육·문화센터의 역할을 하므로서 지역사회 공동체를 튼튼히 하고 모든 주민에게 계속적인 교육기회를 제공하여 지역사회 문제를 주민 스스로 민주적인 방식으로 해결하도록 도와주는 운동이다. 지역사회학교운동은 지역 주민들에게 사회생활을 통하여 민주교육을 실시하는 효과적인 활동이라 생각된다. 민주시민의 정신적 기저는 자기결정적 태도, 다원주의적 태도, 평등주의적 태도, 인간주의적 태도로서 지역사회학교의 각종 활동을 통해 이러한 민주의식이 싹트게 될 것이다.

1988년 8월 9일~10일 울산 중공업 단지내 다이아몬드 호텔에서는 제7차 전국교육장 세미나가 개최되었으며, 전국 58명의 교육장, 시·도협의회장 10명, 지방협의회 관계자 4명, 본회위원 및 간사 35명이 참가한 교육장 세미나의 주제는 「지역사회학교운동과 민주시민」이었다. 이미 교장 시절 본 운동의 이념을 접할 기회를 가졌던 분들이 상당수에 이르러 이번 세미나는 특히 시종 화기애애한 분위기였다. 그 외 「한국의 지역사회학교운동의 발전과정」에 대한 강의를 이연숙 교육사업위원장이 하였고 「지역사회학교운동의 필요성」에 대한 강의는 본회 김신일 부회장이 맡아 하였다. 이어 주성민 총무가 진행한 「지역사회학교 운영과 프로그램의 실제」란 강의와 실습을 통해 구체적인 의견을 교환하기도 했다. 또한 본회 정주영 회장은 「올림픽 이후 경제성장」에 대한 특강을 했는데 질의응답까지 1시간 30분 동안 열강을 하여 참가자들의 큰 박수를 받았다.

■ 전국 교육장 세미나에 참가한
　충북의교육장

우측부터 영동군(송진하), 영동군(조항일),
청주시(김현태),진천군 (임장빈), 간사(김영옥)

「지역사회학교운동과 프로그램의 실제」에 대한 강의를 본회 주성민 총무가 한 다음 프로그램 작성 실습을 했는데 실습 주제는 「좋은 학교 만들기」「교육환경 개선」「부모역할 교육」「유익한 노후생활 교육」「청소년 성장 지도」 등 지역사회학교의 5가지 과제로 각각에 대한 구체적 프로그램을 찾는 것이었다.

그 내용은 다음과 같다.

1. 지역사회학교운동이 우리 교육발전에 어떠한 공헌을 해줄 수 있는가?

- 민주시민으로서의 생활훈련 및 의식 함양
- 평생교육의 기회 확대
- 학교가 지역사회의 센터적 역할
- 지역의 문제와 주민의 욕구 해결로 지역사회 발전의 힘이 됨
- 지역 주민의 협력 체제 이룩
- 학교 교육의 한계 극복
- 교육 자치제 발전에 공헌
- 지역사회 인사들의 참여로 교육 발전에 도움
- 국민의 교육 수준 향상
- 부족 시설 보완과 교육 여건 개선에 도움

2. 교육장은 이 운동에서 어떤 역할을 할 수 있나?

- 관심을 갖고 애로점을 해결하는 데 적극 협력(예산 지원 등).
- 전문 지식과 경험을 제공
- 세미나 실시로 지도자 육성 배출

출처: 한국지역사회교육후의회, 새이웃 통권 207호, 1988년 8월호

■ 시군 교육장 세미나 참가
– 평생교육의 중요성 인식 및 실천 방안 모색하는 계기

시군 교육장 세미나에 참석한 교육장님의 참가 소감과 학교중심 평생교육에 대한 생각을 공유할 수 있도록 소식지 '충북 새이웃'에 원고를 게재했습니다. 교육장님들은 학교중심 평생교육의 중요성을 깊이 인식하고 교육장으로서 실천할 수 있는 방안을 모색하는 것을 알 수 있습니다.

1) 지금도 사회는 교육한다
– 장병은 (충북 괴산교육청 교육장)

사회교육의 필요성과 성인 사회의 평생교육이 더욱 요구된다.

사회를 누가 어떻게 교육을 하여 건전한 사회속에서 건전한 정신문명이 발달하도록 해야 할 것인가? 하는 문제다.

물론 사회 구성 기성 세대 전체가 가정에서 직장에서 지역사회에서 평생교육을 통하여 이루어져야하며, 또한 정부 매스컴, 제반 출판물들이 혼연일체가 되어 건전한 사회풍토 조성에 힘을 기울여야 한다. 그러나 건전한 사회풍토 조성은 향토 사회의 지역사회부터 점차로 지방 사회, 국가 사회 좀더 나아가서는 국제 사회로 확산되어야 한다.

청소년의 비행을 탓하기 이전에 우리 기성세대의 자성이 필요하고 이웃을 탓하기 이전에 내 가정을 먼저 생각하고 남을 탓하기 이전에 나 자신을 먼저 생각해 보는 사회 구성원이 되어야 한다. 이에 대한 교육은 역시 향토 사회의 중심이 되는 각급 지역사회학교가 취미교실, 토론회, 독서회, 오락회 등을 통하여 지역사회교육에 앞장서 지역사회의 건전한 기성세대의 구성원들이 날로 늘게하고 그들이 똘똘 뭉쳐 향토 사회의 건전한 기풍 조성을 위해 각종 매스컴, 기업, 상인 등의 그릇된 사회교육을 통제 감시하는 지역사회로 탈바꿈하게 된다면 각종 비윤리적인 문제는 그 지역에 뿌리로 내릴 수 없게 되고, 이렇게 되면 정신문명의 발달은 복지국가로 가는 길을 단축시킬 것이다. 생각하고 행동할 때마다 "지금도 사회는 교육한다"란 말을 잊지 않았으면 좋겠다.

2) 지역사회교육운동은 미래지향적인 교육개혁인운동이다

— 이범순 (충북 옥천군교육청 교육장)

"미래사회와 교육의 역할"이란 주제로 경기도 용인 현대연수원에서 전국 교육장 세미나가 성황리에 개최되었다. 첫날 등록을 마치고 개회식에 이어 한림대학교 정범모 교수님의 '미래의 인간과 교육'이라는 주제 강연이 있었으며, 미래사회가 요구하는 인간상과 교육 방향이 제기되었다.

'보다 높은 지력', '보다 예민한 인간적 감수성', '보다 투철한 윤리의식', '미래화된 전망과 시야', '시련을 이기는 의연함' 등 인간다운 격조를 강조한 강연이 이어졌다. 이후 지역사회교육운동에 관한 홍보 영화와 슬라이드를 본 뒤, 한국지역사회교육후원회 정주영 회장의 특강과 회장님의 만찬과 오락이 있었다.

이틀째에는 문교부 김진성 정신교육담당 장학관님의 '지역사회학교의 역할'에 관한 특강이 진행되었으며, 특히 청소년 문제에 대한 대처방안이 논의되었다.

오늘날 청소년들은 가난과 전쟁을 모르고 자라왔으며, 급변하는 사회구조와 부모의 과잉 보호에서 오는 나약한 의지와 무절제, 과소비 풍조 등으로 인한 자아 성찰 부족이 문제로 지적되었다. 이후 상임부회장 김종서 박사님의 사회로 청소년 비행의 유형과 원인 분석, 대처 방안에 대한 배심토의가 진행되었다. 도별로 분과를 조직하여 지역사회학교운동에서 해결해야 할 과제를 선정하고, 실현 가능성에 대해 논의한 결과, 지역실정에 맞게 해결책을 마련해야 하며, 학교장의 관심이 중요하다는 의견이 제시되었다.

또한 '학교시설의 개방과 효율적인 활용', '지역사회의 자원 활용', '다양한 프로그램 개발' 등 평생교육 차원에서 학교와 지역사회가 협력하여 발전할 수 있는 분위기 조성의 필요성이 강조되었으며, 이를 통해 학교와 지역사회의 문제를 해결하고 밝은 미래를 약속하는 교육의 참모습을 만들 수 있다는 결론을 내렸다. 이번 세미나는 매우 뜻깊고 유익했으며, 특히 세미나를 마련한 정주영 회장님과 김종서 상임부회장님, 주성민 총무님에게 감사의 뜻을 전했다.

출처: 충북새이웃 제7호. 1990년 10월

4.
평생교육 운영 역량 강화를 위한
전국 지역사회학교 담당교사 연수를 개최하다

한국지역사회교육후원회는 전국의 초중등학교가 지역사회 특성과 주민의 요구에 맞는 평생교육을 운영할 수 있도록 전국 지역사회학교 담당교사 연수를 개최하였습니다.

담당교사는 지역사회학교에서 평생교육 프로그램을 개발하고 운영하는 실무자 역할을 하기 때문에 실무자 연수라고 말할 수 있습니다.

1980년대 후반부터 평생교육을 운영하는 지역사회학교는 증가하였으며, 지역사회학교를 효과적으로 운영할 수 있는 방법에 대한 교육이 필요했습니다. 이에 본부에서 전국 지역사회학교를 대상으로 교사 연수를 1박 2일로 진행하였는데 청주에서는 제천 화산초등학교 등 10개교가 참여했습니다

참가한 지역사회학교 담당교사의 역할의 중요성을 인식하고 운영 역량

을 함양할 수 있었습니다.

이처럼 지역사회학교 담당 교사는 평생교육 현장에서 프로그램을 개발하고 운영하는 평생교육사의 역할을 수행하는 것을 알 수 있습니다. 따라서 운영 역량 강화 교육이 절실히 필요했던 대상이라고 할 수 있습니다.

■ 더 좋은 학교 더 좋은 지역사회 만들기 노력하는 교사가 되자

정금자 (제천 화산초등학교 교사)

김영옥 간사 (뒷줄 왼쪽 첫 번째)

학교는 지역사회 안에 있으며 가지고 있는 교육적 자원과 역량을 모든 지역주민을 위해서 개방되어 평생교육의 장으로 최대로 활용할 수 있도록 한다. 지역사회는 공동적 노력과 자발적 참여를 바탕으로 공동체 의식을 높이는 새이웃을 형성하고 학교를 보다 나은 교육의 터전으로 가꿀 수 있도록 학교와 지역사회가 상호 불가분의 관계가 되어 너 좋은 학교, 너 좋은 지역사회를 만들기에 우리 담당교사들은 중추적인 역할을 하고 있다.

날씨도 무덥던 7월 26일, 27일 2일간 현대 용인 인력 개발원에서 지역사회학교 담당교사 세미나가 개최되었다.

도착하자 숙소 배정과 점심 식사를 마치고 개회식에 이어 한국지역사회교육 후원회 회장님이시고 울산대 총장이신 이상주 박사께서 "지역사회학교와 교사의 역할"이라는 주제를 가지고 강의를 하셨다. 사회의 문제, 도시의 폭발, 인구, 기술, 갈등의 폭발을 시작으로 통일에 대비한 교육, 통일 이후의 교육 등, 덕성·지성·애정·행동의 교사상이 확립되어야 한다고 역설하시는 명강의는 많은 참가자들이 감명을 받았으며, 지역사회학교는 담당교사의 역할이 매우 중요하다는 것을 새삼 느낄 수 있었다.

지역주민(어머니회)과 학교와의 관계를 더 친숙하고 가깝게 하고, 더 좋은 학교 더 좋은 지역사회와 새 이웃 형성에는 이상주 박사님 말씀처럼 행동의 교사상이 되어야겠다고 다짐했다.

이어서 지역사회교육 김판영 서울시 협의회장께서 "지역사회운동이란" 주제를 가지고 '학교를 사회화', '사회를 학교화' 등 강의가 있었다.

저녁 식사를 마치고 친교 시간에는 모두가 하나가 되어 재미있는 게임과 오락으로 시간 가는 줄 몰랐다.

둘째 날, 전남 담양중학교 교사의 사례보고가 있었는데 노인교실 운영의 갈된점을 발표해 많은 박수를 받았다. 이어 본회 총무 주성민 교수께서는 "지역사회학교 운영과 프로그램의 실제"란 주제를 중심으로 분임토의 방식으로 운영하여 흥미롭고 진지하게 지역사회학교 운영의 필요성과 교사의 역할 등을 발표하게 하였고 회원들은 이런 활동을 통하여 많은 것을 배웠다.

처음으로 열리는 전국지역사회학교 담당교사 세미나에 참석한 선생님들은 하나같이 즐거운 마음으로 2일간의 세미나를 못내 아쉬워하며 다시 만날 것을 약속했다.

끝으로 지역사회학교 운동에 담당교사의 역할이 매우 중요하다는 자긍심과 공지를 가지고 자그마한 힘이나마 학교와 지역사회의 중간 매체로 더 좋은 학교, 더 좋은 지역사회 만들기에 노력할 것을 다짐해 본다.

출처: 충북새이웃 제7호. 1990년 10월

5.
평생교육 실천을 위한 전국 임원 및 시도협의회장 연수를 개최하다

■ 전국 지역협의회장 및 임원 회의 개최

1980년대 후반까지 한국지역사회교육후원회는 전국 광역 시·도 지역협의회를 조직함으로써 추진할 수 있는 기반을 조성하였습니다. 매년 정기적으로 지역 협의회장 및 임원 회의를 통해 학교 중심 평생교육 활성화 방안을 모색하였습니다.

전국 시·도 협의회장단 협의회는 6월 24일~25일 용인 현대인력개발원에서 개최되었으며, 각 시·도 협의회 회장단 48명과 관계자 3명, 본회 운영위원 9명, 실무자 19명 등 총 79명이 참석하였다.

이번 회의의 목적은 협의회의 조직과 업무 사업 방향에 대한 문제점을 검토하고 해결방안을 함께 찾아보자는 것이다. 각 협의회에서 제출한 여러가지 문제들을 백명희 조직위원장이 종합·발표한 후 각 분과로 나뉘어 해결방안에 대한 토의를 진행하였다.

문제점으로 나타난 것들과 해결 방안에는 이념보급 문제, 지도력의 문제, 협의회 간 의사소통과 조정기능 문제, 프로그램 빈곤문제, 재정문제 등이 있었다. 이념보급 문제로는 후원회에서 다양한 홍보물 제작, 영화제작, 새이웃을 통해 꾸준히 이념을 보급하는 방안 등이 제시되었으며, 각 협의회는 자체적으로 「새이웃」 발간, 지역민 대상 홍보활동 전개, 시·도별 사업 확대, 지방교육행정기관을 통한 이념보급 등을 논의했다. 지도력의 문제에 대해 후원회는 지방대학 교수를 위한 세미나를 실시하여 협의회의 지도력을 강화하고 전문위원 연수 및 양성, 간사 연수 등을 실시할 계획이다. 협의회에서는 지역별 자문인사를 발굴하여 분과위원회와 강사로 활용하고, 지역 자원인사 명부를 작성하는 등의 방안을 제시하였다. 협의회 간 의사소통문제에 대해서는 「새이웃」에 시·도별 소식, 인사, 동정 등을 자세히 게재하고, 협의회장단 협의회를 자주 개최하며, 지방간의 정보자료를 상호 교환하는 방안을 제시했다. 프로그램 빈곤문제에 대해서는 후원회가 도시형, 소도시형, 농촌형 프로그램을 개발하여 보급하고, 우수 프로그램을 모집하여 시상하는 방안을 논의했다. 협의회는 시범적인 활동사례를 수집하여 후원회에 보내고, 좋은 프로그램을 상호 교환하며, 지역민 여론조사를 통해 모델 프로그램을 개선하여 운영할 계획이다. 재정문제에 대해서는 후원회가 협의회가 자립할 수 있도록 최소 13년 동안 운영비를 지급하고, 협의회가 확보한 기금만큼 재정을 보조할 방안을 제시했다. 협의회는 후원단체의 조직, 지방 유지 및 기업인에게 이 운동을 알리고 후원자가 되게 하는 방안을 논의하였다. 그 외에도 행정기관과의 유대, 새마을 어머니회와의 문제, 회원 관리 문제, 타 단체와의 교류 문제 등이 거론되었으며, 후원회는 각 위원회별로 해당 되는 해결 방안을 수용하여 협의회 활성화에 도움을 줄 예정이다. 또한, 후원회는 「새이웃」의 발송 현황을 조사·분석하여 부수를 늘리는 방안을 검토하고, 「새이웃 편집연구 모임」을 개최하여 이념보급의 적절한 형태를 모색할 예정이다. 재정위원회는 각 협의회에 일천만원씩 기금을 전달하고, 그 이자 수익을 운영비로 사용할 예정이다.

한국지역사회교육 충북협의회 임원
(왼쪽부터 김영명 부회장, 진기두 부회장, 정주영 회장, 김근세 회장, 김영옥 간사)

출처: 한국지역사회교육후의회, 새이웃 통권 207호, 1989년 10월호

■ 전국 지역협의회 임원 연수 개최

1991년 이루어진 전국 지역협의회 임원연수에 8명이 참석하였습니다.

서울대 교수이셨던 김종서 부회장님은 충주 사범학교 교사를 역임했었기 때문에 충주사범학교를 졸업한 충북의 교장 선생님은 김종서 교수님과 사제지간의 정을 나누는 시간을 갖기도 하였습니다.

참석했던 봉원기 충북협의회 이사님의 소감을 충북 새이웃에 게재한 내용을 통한 임원 연수를 소개합니다.

청소년들의 밝은 내일을 위하여

봉원기 / 진천삼수국교장(충북협의회 이사)

봉원기 교장(뒷줄 2), 김근세 충북회장(앞줄 왼쪽2)
김종서 부회장(앞줄 오른쪽 3), 김영옥 간사(앞줄 오른쪽 2)

지난 5월 6일과 7일, 양일간 용인 현대인력개발원에서 열린 '청소년의 건전한 성장과 부모교육'이라는 주제의 전국 시도 협의회 임원 연수는 우리 지역사회 학교가 부모교육에 대한 역할을 어떻게 해야 하는지 깊이 생각할 수 있는 좋은 기회였다. 연수는 오랜 가뭄 끝에 내린 비와 함께 시작되었으며, 용인 북동쪽 깊은 산기슭에 자리 잡은 연수원에서 진행되었다.

첫 번째 강의에서는 고려대 정우현 교수님이 청소년의 건전한 성장과 부모교육에 대해 이야기하며, "청소년은 단순한 어린이가 아니라 무한히 자랄 수 있는 창조적 잠재성을 가진 존재"라며 기성세대의 사고방식 전환이 청소년의 바람직한 성장을 돕는다는 점을 강조했다. 이 내용은 청소년 지도에 대한 새로운 방향을 제시하는 중요한 시사점을 주었다.

이후, 백명회 이대 사대학장님이 주재한 청소년의 건전한 성장 지도를 위한 부모교육 프로그램 방안을 모색하는 분과 협의에서는 우리 지역사회 학교가 담당해야 할 다양한 프로그램을 구성하는 새로운 방향을 제시하는 계기가 되었다.

특강에서는 정주영 회장님이 청소년 문제는 기성세대의 각성과 사고 전환이 필요하다고 강조하며, 청소년들에게 넓은 세계를 내다보고 활개 칠 수 있는 희망을 주고자 하였다. 정 회장님은 시베리아에서의 산업 개발과 경제 외교를 통한 북방 경제 외교에 대한 사례를 들며, 청소년들에게도 넓은 세상을 바라보며 성장할 기회를 열어줘야 한다고 말씀하셨다.

첫날의 연수 활동을 마무리하면서, 정 회장님이 마련한 만찬은 각 시도 협의회 임원들과 새로운 만남의 자리였으며, 지역사회 학교 경영자들 간의 우의를 다지는 즐거운 시간이었다.

둘째 날, 비가 갠 후 현대인력개발원이 자리한 산골짜기에서 상쾌한 아침을 맞이하였다. 현대그룹의 다양한 연수 기관을 둘러보며 감탄하며 산책을 즐기기도 했다. 이어서 주성민 상무 이사님이 주재하는 분과별 협의 내용 발표가 있었고, 각 분임별로 다양한 프로그램들을 교환하며 많은 정보를 얻을 수 있었다. 또한, 서울대 김신일 교수님이 진행한 각 시도 협의회 활동 사례 발표에서는 지역사회 교육운동 확산을 위한 많은 시사점을 얻을 수 있었다.

짧은 이틀간의 연수였지만, 지역사회 교육운동을 확산시키기 위한 방향을 제시받고, 오늘날 청소년들을 건전하게 키우기 위해 기성인 모두가 해야 할 역할을 되새기게 된 뜻깊은 시간이었으며, 청소년의 문제를 다시 한 번 생각해볼 기회를 제공해 준 한국지역사회교육중앙협의회에 감사의 뜻을 전한다.

6.
1983년부터 사회교육 심포지움을 개최하다
- 평생교육 논의 및 실천의 장을 열다

한국지역사회교육협의회는 1982년 사회교육법이 제정된 다음해인 1983년부터 매년 사회교육의 다양한 주제를 발표하고 토론하며 나아갈 방향을 모색하는 사회교육 심포지엄을 한국프레스센터 국제회의장에서 개최해왔습니다. 사회교육이라는 단어조차 생소하던 시기에 사회교육에 대한 여론을 형성하고 실천 과제를 모색하는 심포지엄을 추진해온 것으로 보아 평생교육 전문기관 이라는 것을 알 수 있습니다.

사회교육 심포지엄은 저의 평생교육에 대한 생각의 폭을 넓히는 계기가 되었습니다.

1987년 5차 심포지엄에서 최근 중요시되는 시민교육을 다루었으며, 한국지역사회교육후원회를 이끌어가는 임원진이 발표를 맡아 심도있게 논의한 것을 알 수 있습니다.

한준상 교수님은 박사과정에서 많은 가르침을 받았으며, 저의 논문 심사 위원으로서 많은 격려를 해주셨던 분이십니다.

농민교육, 문해교육에 앞장서왔던 정지웅 교수님의 발표, 그리고 평생교육 대모로 불리며 국가평생교육진흥원장을 지낸 최운실 교수님이 학습 소외 대상을 위한 평생교육 기회 제공을 역설하는 모습을 엿볼 수 있습니다. 최운실 교수님은 2007년 제가 아주대학교 평생교육 박사과정에서 공부하게 되면서 사제지간으로 인연을 맺게 되어 제가 교수로 자리매김하기 까지 많은 가르침을 주고 계십니다.

이처럼 한국지역사회교육협의회는 선두에서 평생교육 분야의 방향을 설정하고 실천한 기관임을 알 수 있습니다.

■ 제5차 사회교육심포지움 개최

– 주제 : 시민의식과 사회교육

본회 사업위원회는 1987년 11월19일 한국프레스센터 국제회의장에서 제5차 사회교육심포지움을 개최했다.

- 발제 : 이영덕 교수 (서울대교육학과)
- 발표1 : 시민사회의 특징과 사회교육의 역할 (발표 김동일 교수, 논찬 정우현 교수)
- 발표2 : 민주시민교육의 현황과 과제 (발표 황종건 교수, 논찬 안태윤 교수)
- 발표3 : 시민의식함양과 지역사회학교운동 (발표 김신일 교수, 논찬 백명희 교수)
- 발표4 : 시민의식과 교육환경개선 (발표 한준상 교수, 논찬 이남주 교수)

「시민의식과 사회교육」 속에는 「시민」이란 개념이 포함되어 있다. 「시민」은 공동체로서의 현대 시민사회의 책임 있는 구성원을 뜻한다. 즉, 시민은 현대 민주국가에서 주권을 행사하고 책임을 지는 위치에 있는 민주시민을 칭하는 것이다. 「시민의식」이란 위에 말한 민주적 시민사회의 계약 당사자로서의 시민의 자아정체성(self-identity)을 뜻하는 말이며, 「사회교육」은 학교교육을 제외한 모든 교육을 지칭하는 말로써, 일반적으로 학교교육에 비해서 보다 비형식적이며 통제 요인이 적다.

「사회교육」은 노출된 사회교육 프로그램뿐만 아니라 전체 문화 요인들을 통해 작용하는 숨은 교육과정을 의도된 교육 프로그램화하는 조직적인 노력까지도 포함되는 것이라고 할 때, 우리의 관심은 모든 사람들로 하여금 성숙한 민주적 시민의식을 그들의 인격 속에 내면화시키기 위한 사회 속의 모든 교육적 자원과 세력을 조직화하여 그 효능을 높이는 방안을 찾아야 될 것이다.

역사상으로 공동체로서의 시민사회 성립 과정을 볼 때, 협동 정신이나 평등 사상, 인간의 기본 권리에 대한 존중 등이 제도적 혹은 사회체제로 구현되는 데는 많은 시간이 걸렸음을 알 수 있다. 그러나 그것은 근본적으로 모든 사람의 마음에 주어진 보편적 성향이므로 언젠가는 역사 속에 표출될 수밖에 없는 것이다.

우리는 요즘 어디에 가나 민주화의 외침을 듣는다. 더불어 살도록 태어난 사람들의 세계에서는 민주주의가 지금까지 주장된 어떤 정치이념에 비해서도 탁월한 이념적 구상이라는 평가를 받고 있는 것도 사실이다. 그러나 자동적으로 민주화가 되는 것은 아니다. 민주주의를 그 기본 행동 원리로 삼는 시민사회를 구성하고 그 주인이 되는 시민 한 사람 한 사람이 더불어 사는 지혜를 배우고 인격으로 변화되어야만 민주화는 이루어진다. 교육받은 시민 없이 민주사회는 실현되지 않는다. 왜냐하면 「더불어 잘 사는 지혜가 몸에 밴 민주적 인격」으로 모든 사람들이 변화되고 성장하도록 작용하는 힘이 곧 교육이기 때문이다.

■ 제10차 사회교육심포지움 개최

– 주제 : 소외 극복을 위한 사회교육

- 일시: 1992년 11월 25일(수)
- 장소: 한국프레스센터 국제회의장
- 공동주최: 중앙협의회·문화일보사
- 참석: 회원, 교육 관계자, 학자 등 300여 명

◎ 기조강연 : 최일섭 서울대 교수

◎ 주제발표

주제1) 저소득층을 위한 사회교육 : 윤찬영 교수(전주대학교)

주제2) 근로자를 위한 사회교육의 실상과 소외극복의 과제 : 최운실 박사
　　　(한국교육개발원 평생교육연구부장)

주제3) 농민을 위한 사회교육 : 정지웅 교수(서울대학교)

　　1982년 사회교육법이 제정되면서 사회교육의 진흥 및 저변확대를 위해 개최하기 시작한 사회교육심포지움이 벌써 10년째가 되었다. 지난 10년동안 사회교육의 다양한 영역을 주제로 다뤄오면서 사회교육에 대한 일반인의 여론을 환기시키고 이론적인 면 뿐만 아니라 적용 실천의 측면에서도 많

은 시사점을 주었다.

이번 주제는 "소외극복을 위한 사회교육"으로 사화교육에서 소외되어 있다고 할 수 있는 저소득층, 직장 근로자, 농민들을 대상으로 한 사회교육의 현황을 분석하고 이들을 위한 사회교육프로그램과 적극적인 참여방안을 모색하는 것으로서 그 어느 사회교육의 영역보다도 관심을 가져야 할 부분이다.

'소외 극복을 위한 사회교육'이라는 주제로 열린 이번 심포지움에서는 사회교육에서 소외되어 왔다고 할 수 있는 저소득층, 직장근로자, 농민들을 대상으로 한 사회교육 현황을 분석하고 이들을 위한 사회교육프로그램 및 적극적인 참여방안을 강구하는데에 그 목적을 두었다. 그 내용을 요약 정리하면 다음과 같다.

최일섭 교수는 현대사회의 구조적 경향이 혈연관계에서 비인격화로, 전통적인데서 합리적 형태로, 동질성에서 이질성으로, 안정에서 기동성으로 변함에 따라 현대인은 무력감, 무의미성, 무규범성, 문화적 소외, 자기소원(自己疏遠), 사회적 고립 등의 현상을 느끼게 된다고 하면서, 이러한 소외현상은 도시빈민, 생산직 근로자, 농민 등 불우계층에 더욱 심각하게 나타난다고 보고 있다. 특히 경제력과 정보면에서 다른 계층에 비해 불리한 입장에 있는 불우계층은 사회교육의 혜택을 받아야 할 필요성이 타 계층보다 훨씬 절실함에도 불구하고 이들에 대한 사회교육 기회가 상당히 제한돼 있는 것이 현실이라고 지적하면서 사회교육과 지역사회교육운동이 소외극복의 중요일면인 사회구조의 개선에 중립적 혹은 냉담한 태도를 견지해온 데 대하여 반성하고, 소외극복을 위한 사회교육의 역할을 강화해야 한다고 주장하고 있다.

윤 찬 영	최 운 실	정 지 웅
(전주대 지역학대학 교수)	(한국교육개발원 평생교육연구부장)	(서울대 농업생명과학대학 교수)

윤찬영 교수는 평소 사회로부터 소외된 저소득층이 사회교육으로부터 소외되어 왔다는 사실을 인정하면서, 우리나라의 경우에는 일차적으로 사회구조가 특정계층이 개인적으로 불리한 조건들을 가질 수밖에 없도록 만들어 저소득층이라고 불리우는 빈민계층을 만들어 냈다. 이들은 물질로부터 뿐만 아니라 여러 가지의 다양한 소외를 경험하게 된다고 보고 있다. 이들의 빈곤을 해결하기 위해 국가 정책 및 민간기관에서 다양한 노력을 하고 있지만, 특히 민간기관에서 중요한 위치를 차지하고 있는 사회교육기관이 저소득층의 욕구충족과 문제해결을 위해 어떠한 형태로든 관여하는 것이

바람직한 것이다. 저소득층이 사회교육을 향유할 만한 물질적 시간적 여유가 없다는 점을 충분히 고려하여 실천적인 프로그램을 마련하는 것이 무엇보다도 중요하다고 하였다.

최운실 부장은 사회교육은 학교교육에 대한 대안적 교육부문으로 또는 1차교육에 대한 2차적 교육기회로서 사회적으로 소외된 집단을 위해 주력해야 함에도 불구하고 현실적으로는 이와는 반대로 운영돼 이미 교육적으로 혜택받은 집단을 위주로 운영되고 있다. 사무직 근로자에 비해 상대적으로 평균 학력이 낮고 소득수준이 낮은 생산직 근로자들은 사회교육에서조차 소외되게 됨에 따라 더욱 심각하게 소외감을 느끼고 있다고 지적하였다. 현재 이들을 위한 다양한 형태의 사회교육이 실시되고는 있으나 소외집단으로서의 근로자를 위한 사회교육의 총체적 성격규정이나 방향도 없이 단편적으로 이루어지고 있다. 교육내용도 질적으로 단순기능형 프로그램이거나 일회적이고 단편적인 레크리에이션 프로그램에 그치고 있는 실정이라고 비판했다. 이러한 문제점을 극복하기 위해서는 정부와 기업 등의 협력을 통해 장·단기 근로자 사회교육 발전계획을 수립해야 한다. 전국적 조직의 근로자 사회교육 발전 체제를 갖추어 근로자를 위해 풍부하고 다양한 사회교육 기회를 제공해야 한다고 주장했다.

정지웅 교수는 소외된 농민을 위하여 여러 가지 형태의 소외극복을 위한 공공정책과 민간단체의 자구적 노력이 주어져 왔으나, 결국 이 두 노력의 공통점이자 궁극적인 해결책은 사회교육의 강화에 있다고 하였다. 현재 농민을 위한 사회교육은 농촌진흥청, 도 농민교육원, 농촌 소재 각급학교 등을 통한 공공기관교육, 농업협동조합, 축산업협동조합, 새마을지도자연수원, 농어촌진흥공사 등을 통한 반관반민교육, 순민간단체에서 실시하는 민간단체교육이 있으나, 이들은 모두 활성화되기 어려운 많은 문제점들을 갖고 있다. 따라서 농민을 위한 사회교육의 강화를 위해서는 정부예산의 대폭 증액, 영세농의 교육참여 유인, 농민교육 내용의 실용화, 폐쇄조치 되어가는 농촌학교의 사회교육·평생교육기관화, 농민교육 계획·수행·평가과정에의 농민의 참여, 농촌사회교육 전문성의 강화 등을 우선적인 성취 과제로 제시하고 있다. 이번 사회교육 심포지움은 앞으로의 지역사회교육운동의 방향 및 과제 설정에 많은 도움이 되었다고 본다.

출처 : 한국지역사회교육협의회, 새이웃 1992년 12월호 (정리 : 이진이 간사)

제5장
—
지역사회학교, 지역사회교육운동을
통한 평생교육 실천
- 20년, 30년 역사를 만나다
(한국지역사회교육운동 20년사 30년사 발간 이야기)

평생교육 불모지에서 학교를 중심으로 평생교육을 확산해 온 한국지역사회교육운동 20년사(1969~1989년)가 1992년 발간되었으며, 한국지역사회교육협의회는 1989년 6월에 20주년 기념행사를 개최하였습니다. 입사한 지 2년 만에 학교를 중심으로 전개한 우리나라 평생교육 운동 역사를 한눈에 볼 수 있는 기회가 되었습니다.

한국지역사회교육협의회는 지역사회교육운동을 더욱 활발하게 그리고 효율적으로 전개하기 위하여 1988년에는 다음과 같이 6가지 실천 과제를 선정하고 구체적인 프로그램을 개발하여 단위 지역사회학교에 제공함으로써 실제적인 도움을 주려고 하였습니다. 이러한 실천 과제는 20주년이 되는 1989년도에도 지속되었습니다.

6가지 실천 과제는 다음과 같습니다.

1) 자기실현을 위한 평생학습

2) 좋은 학교 만들기

3) 지역사회 교육환경개선

4) 부모역할교육

5) 유익한 노후생활

6) 건실한 청소년의 성장지도

우리나라는 평생교육법을 개정하면서(2008. 2. 29) 평생교육을 6진으로 분류하여 평생교육법 제2조(정의) 1항에 명시하였습니다. 하지만 한국지역사회교육협의회는 1989년부터 평생교육을 6개 실천 영역으로 분류했다고 할 수 있습니다. 이처럼 평생교육을 실천하면서 실천 과제 중심으로 평생교육을 분류하여 평생교육 프로그램을 개발하고 운영했던 것입니다.

우리나라 평생교육 분류는 평생교육법이 개정(20008년 2. 29) 되면서 제2조(정의) 1항에 명시하였다.

■ 평생교육법 시행 2002. 1. 29 : 1. "평생교육"이라 함은 학교교육을 제외한 모든 형태의 조직적인 교육활동을 말한다.

■ 평생교육법 시행 2008. 2. 29 : 1. "평생교육"이란 학교의 정규교육과정을 제외한 학력보완교육, 성인 기초·문자해득교육, 직업능력 향상교육,

인문교양교육, 문화예술교육, 시민참여교육 등을 포함하는 모든 형태의
조직적인 교육활동을 말한다.

- 평생교육법 시행 2023. 6. 13 : 1. "평생교육"이란 학교의 정규교육과정을
  제외한 학력보완교육, 성인 문해교육, 직업능력 향상교육, 성인 진로개발역량
  향상교육, 인문교양교육, 문화예술교육, 시민참여교육 등을 포함하는 모든
  형태의 조직적인 교육활동을 말한다.

1.
20년간 우리나라 학교 평생교육을 일궈온
임원들 (1969년~1989년)

　우리나라 평생교육이 학교중심으로 태동할 수 있게 한 분은 1세대 기업가 정주영 회장님이라 할 수 있습니다. 그리고 학교중심 평생교육을 탄생시킨 〈To Touch A Child〉라는 영화를 전파한 오재경 전 문화공보부장관이십니다. 또한 평생교육 학자이시며 평생교육을 일군 1세대는 황종건 명지대 교수님, 김종서 덕성여대 총장님, 백명희 이화여대 사범대학장님, 이상주 교육부총리님, 김신일 서울사대교수님, 정원식 교육부장관님 등입니다. 그 외에도 많은 학자와 기업인, 지도자들이 있습니다. 20년간의 역대 임원 명단을 보면 알 수 있습니다. 평생교육 1세대 분들이 초중등학교를 활용한 평생교육, 지역사회교육운동을 태동시키고 발전시켜왔다고 볼 수 있습니다.

순	성 명	재임년도	직 책
1	정 주 영	69~89 현재	회 장
2	오 재 경	69~87	고문, 실행이사장
3	양 순 담	69~71	부회장
4	이 순 근	69~71	부회장
5	정 태 시	69~71	부회장
6	강 우 철	69~70	운영위원장
		72~74	부 회 장
7	김 상 현	69~74	홍 보 부
8	김 용 조	69~79	재정, 회원위원장
9	김 인 자	69~89 현재	인사, 확장, 회원위원장
10	박 순 양	69~70	재 정 부
11	윤 길 병	69~86	홍보부, 실행위원, 작고
12	윤 용 자	69~89 현재	회원, 프로그램, 교본출판
			위원장, 서기, 명예총무
13	전 택 부	69~71	인사위원장
14	정 광 모	69~70	홍보위원장
15	정 희 경	69~87	부회장, 인사위원장
16	문 인 구	70~88	감사, 정관 개정특별위원장
17	이 요 식	70~87	감사, 서기, 프로그램,
			10년사발간위원장
18	김 상 만	71~87	고 문
19	김 용 구	71~73	공보, 실행위원장
20	김 재 숙	70~71	
21	박 찬 일	75~79	
22	원 종 훈	71~89 현재	재정위원장
23	윤 인 석	71~74	감 사
24	이 연 숙	69~89 현재	회원, 교육위원장
25	조 민 하	71~79	부회장, 인사위원장, 감사
26	조 철 화	71~75	프로그램, 훈련위원장
27	홍 인 표	69~87	서 기
28	김 양 식	89 현재	감 사
29	김 혜 인	82~89	
30	이 주 영	79~87	

순	성 명	재임년도	직 책
28	김 일 주	71~74	감 사
29	조 광 호	72~87	
30	황 익 수	72~73	전 총무
31	강 신 호	73~89 현재	청년위원장, 부회장 재정위원장
32	김 재 현	73~74	공보, 회원위원장
33	박 설 혜	73~74	
34	김 남 준	73~84	감 사
35	황 경 춘	73~89 현재	공보위원장
36	김 병 보	74~75	
37	김 점 곤	74~87	공보, 출판위원장
38	민 태 한	74~75	
39	이 종 진	74~87	부 회 장
40	강 봉 수	75~89 현재	부 회 장
41	고 원 준	75~76	울산후원회장
42	김 춘 봉	75~87	청년위원장
43	백 정 란	75~89 현재	프로그램, 조직위원장
44	심 춘 섭	75~87	
45	양 종 해	75~87	
46	이 상 주	76~89 현재	프로그램, 울산시범사업, 10년발전계획, 기획 위원장, 부회장
47	하 상 락	75~82	성심시범사업위원장
48	박 남 식	76~76	울산후원회장
49	장 윤 석	76~89 현재	감 사
50	이 영 호	77~78	울산후원회장
51	황 종 진	77~89 현재	울산시범사업위원장
52	김 종 서	78~89 현재	부 회 장
53	최 병 준	79~81	울산후원회장
54	백 명 회	86~89 현재	
55	정 원 식	86~89 현재	
56	김 신 일	82~89 현재	부 회 장
57	최 일 섭	89 현재	

출처: 한국지역사회교육중앙협의회(1992) 한국지역사회교육운동 20년 1969~1989.

2.
학교 중심 평생교육운동, 지역사회교육운동
20주년 기념대회 현장스케치 (1969년~1989년)

1968년 국제세미나에서 상영된 〈To Touch A Child〉라는 영화 한 편을 다시 보고 1969년 1월 24일 탄생한 한국지역사회학교 후원회, 1989년까지 20년간 사업을 추진한 성과를 공유하는 잔치가 열렸습니다. 제가 입사한지 1년 8개월만에 열린 전국 행사였습니다. 당시 제 나이가 만 26세였습니다. 충북지역에서 추진했던 행사와는 비교가 안될 만큼 상당히 큰 규모의 전국 축제였습니다.

■ 지역사회교육운동 20주년 기념대회 현장스케치

1989년 6월 3일 한국지역사회교육후원회에서는 창립 20주년을 맞아 류관순 기념관에서 20주년 기념대회를 개최하였습니다. 지역사회학교운동에 뜻을 같이하는 회원 1,500명이 한자리에 모인 가운데 기념잔치와 바자회, 놀이마당, 새이웃 잔치 등 그동안 학교 중심 평생교육을 추진한 다채로운 프로그램으로 진행되었습니다.

■한국지역사회교육후원회 설립 당시부터 오늘이 있기까지 20년간 중추적 역할을 해온 주성민총무에게 정주영회장이 공로패와 치하의 말을 건네고 있다.

■전국의 회원 2000여명이 20주년 기념대회 행사에 참석하여 자신의 이름을 싸인하므로써 대회를 더욱 의미 있고 다채롭게 기념하고 있다.

- 20주년 사진전시회 : 20년의 역사를 한눈에 볼 수 있는 역사와 활동 사진 전시회로 시작되었습니다.

- 태동에서부터 20년 : 〈To Touch A Child〉 영화의 일부가 상영되는 듯 싶더니 곧 정지되며 같은 화면의 슬라이드가 대치하였습니다. 20년의 흔적들이 어두운 강당에 차례로 소개되자 잊었던 20년전의 모습에 새삼 감개무량하였습니다.

- 공로패·감사패 수여 : 그동안 지역사회교육운동이 성장하는 길목 길목에서 보이지 않게 애써 주신 분에게 감사의 뜻을 전할 수 있는 시간이 마련되었습니다. 20년간 지역사회학교 운동의 산증인으로 활동하고 있는 본회 주성민 총무님에게 표창패가 수여되었습니다. 또한 회원 모두의 이름으로 이 땅에 지역사회교육운동의 뿌리 내리는데 큰 힘이 되어 주신 정주영 회장님에게 감사의 뜻을 담은 동판을 전하였습니다.

- 인사말씀 및 특강 : 정주영회장님의 인사와 정원식 문교부장관님의 축사, 이상주 울산대 총장님의 「모두가 참여하고 모두가 성장하는 사회」 특별 주제 강연이 이어졌습니다.

- 지역사회에 일으킨 불꽃 : 새이웃주부극회는 지역사회학교운동에 재미나게 소개한 3편의 짧은 연극을 공연하였습니다.

- 우리의 지향 : 지난 20년을 회고와 본회의 나아갈 길을 제시한 슬라이드가 상영되었습니다. 각시도에서 올라온 회원들을 소개 후 인천북부 어머니 합창단이 민요를 불렀고 회원들은 바자회와 새이웃 잔치가 열리는 노천극장으로 발길을 옮겼습니다.

출처: 한국지역사회교육중앙협의회(1992) 한국지역사회교육운동 20년 1969~1989.

충북협의회에서는 주로 임원들과 단체회원교 교장, 담당교사, 어머니회 장단 50여명이 참석하여 높은 참여율을 보이기도 하였습니다. 참석한 회원들은 순수한 민간단체로 20년을 꿋꿋하게 걸어온 지역사회학교운동의 발자취를 살펴보고 우리 모두가 새이웃 가족의 일원임을 확인함과 아울러 앞으로 우리가 지향해 나가야 할 방향을 조명해 보는 계기가 되었습니다.

더욱이 충북의 숨은 공로자로서 '86년부터 충북지역사회학교운동 발전에 지대한 관심을 갖고 후원을 아끼지 않으신 차주원 명예회장(평곡산업 사장)께서 정주영 후원회장의 감사패를 수상하여 더욱 뜻깊은 기념대회가 되었습니다.

정주영 회장 감사패를 수상하는
충북 차주원 명예회장

20주년 기념대회에 참가한 충북 회원

■ 1989년 6. 3(토)에 열린 지역사회교육운동 20주년 기념대회에 참석한
충북 지역사회학교 교장 선생님과 기념촬영을 하였다.

왼쪽1 김종서 부회장, 왼쪽3 김영옥 간사, 왼쪽4 정주영 회장,
왼쪽5 진기두 충주여중교장

출처: 한국지역사회교육충북협의회 사진 자료집

　지역사회교육운동 20주년 기념 대회는 지금으로 말하면 전국 평생학습
축제, 박람회와 유사한 행사라 할 수 있습니다. 학교를 중심으로 평생교육
을 펼치고 있는 전국 지역사회학교에서 참여하여 지난 20년의 펼쳐온 평생

교육의 성과를 보고하고 앞으로 발전 방안을 모색하는 시간이 된 것을 알수 있습니다.

이렇게 평생교육의 불모지를 1969년 민간이 나서서 공공 기관인 교육청과 협력하여 초중등학교 관계자들이 학교를 평생교육의 장으로 만들어 갈수 있도록 학교 중심 평생교육운동을 전개해 왔다는데 의의가 있다고 할수 있습니다.

3.
학교 중심 평생교육운동, 지역사회교육운동 20년, 향후 발전방향 모색

1989년 6월 3일 한국지역사회교육후원회 창립 20주년의 길목에서 학교 중심 평생교육의 방향에 대해 당시 이사이신 김신일 서울대 교수의 칼럼을 소개하고자 합니다. 칼럼을 통해 1989년 당시 평생교육의 내용과 방향을 이해할 수 있을 것입니다. 김신일 교수님은 청주시가 고향이며, 청주고등학교를 졸업했고 교육부총리를 지내셨습니다. 충북 지역사회학교협의회 사무실이 위치한 청주주성초등학교가 모교이기도 합니다. 80년대 후반 모교인 주성초등학교에서 특강을 해주시던 모습이 선연합니다.

시대의 요청에 부응하기 위하여

"교육이라고 해서 교양강좌나 몇개 듣는
것으로 목표가 달성되는 것이 아니라는 것이다.
사회 전체가 먹고 사는 문제, 정치문제,
보건문제, 계층문제로 얽혀 있는데 주민들을
교실에 모아놓고 교양교육을 한다고 해서교
육수준이 올라가고 교육문제가 해결되는 것
은 아니다. 교육은 지역사회 전체의 문제를
해결하는 데에 의미가 있어야 한다."

김 신 일
본회 이사/서울대 교수 교육학

■ 20년의 길목에서 / 새이웃

출처: 한국지역사회교육충후원회

지역사회교육운동은 국제적인 운동이다.

우리는 〈To Touch A Child〉 영화가 대본으로 삼은 미국의 학교중심 지역사회교육운동을 본받아 한국의 실정에 맞도록 적응하면서 지난 20년간 이 운동을 펴 왔다. 그러나 미국식의 지역사회학교운동은 여러 운동 양태 가운데 하나일 뿐이다. 지역사회교육운동은 미국에서 처음 일어난 운동은 아니고, 미국의 것이 가장 대표적인 것도 아니다. 세계 각국이 여건에 따라 각기 특징있는 운동을 펼쳐 나가고 있다.

국제지역사회교육협회(International Communi-ty Education Association)의 회원국 수가 80개가 넘는다. 이 협회가 주최한 1983년 세계대회에 44개국 대표가 참석하였다. 이것만 봐도 지역사회교육운동이 미국을 중심으로한 몇 몇 나라만이 아니고 범세계적으로 벌어지고 있는 운동임을 알 수 있다.

세계 각국의 지역사회교육운동은 우선 두 가지로 대별 하면 학교 중심과 사회교육 중심이 된다.

학교 중심은 우리가 추진하고 있는 형태의 지역사회교육운동으로 학교를 중심으로, 학교가 중심이 되어 펼쳐진다.

반면에 사회교육 중심은 학교가 아닌 일반 교육시설과 교육단체를 중심으로 펼치는 것으로 덴마크의 "국민고등학교"가 오랜 전통을 지니고 있으며, 라틴 아메리카에서는 민중교육운동이 새롭게 일어나고 있다.

독일의 국민고등학교도 덴마크의 그것과 비슷한 성격을 지니고 있는데, 독일 어디를 가더라도 국민고등학교의 성인교실을 발견할 수 있다. 독일의 국민고등학교는 전국적인 조직망을 가지고 있으며, 지역마다 협의체가 구성되어 있다. 재정은 지역별로 확보하고, 중앙정부는 일정한 지원비를 정부예산에 포함시켜 지역별로 배분한다. 여하튼 사회교육 중심의 지역사회교육운동은 학교라는 제도적 교육기관 외곽에서 지역사회주민과 지방자치단체 및 정부가 협력하여 성인교육을 운영한다.

한편, 학교중심 지역사회교육운동은 학교를 중심으로 펼치는 성인교육운동이다. 우리가 지역사회학교 즉 영어로 Community School이라고 부르는 것은 지역사회교육을 실시하는 학교에 대한 명칭이다. 다시 말하면 지역사회교육운동에 참여한 학교가 지역사회학교인 것이다. 그러므로 지역사회학교보다는 지역사회교육이 상위 개념이고 이 운동을 추진하는 단체의 이름으로 지역사회교육이 더 적합한 것이다(본 후원회의 명칭을 "학교"로부터 "교육"으로 바꾼 것은 이런 의미에서 운동의 지평을 확대하였음을 의미한다.

학교중심 지역사회교육운동 또는 지역사회학교는 다시 분리형과 통합형으로 구분된다.
분리형이란 지역사회교육을 학교가 실시하되, 학생들을 가르치는 학교의 전통적 업무와 주민들의 교육활동을 엄격히 구별하여 실시하는 방식이다. 즉 학생교육과 주민교육을 분리하여 전자는 주간에 후자는 주로 야간에 실시하고, 행정적으로도 주민교육의 계획을 입안·실시하는 책임자는 별도로 임명하여 마치 야간 주민교육의 교장과 같은 책임과 권한을 준다. 따라서 그 학교의 일반교사들은 주민교육에는 큰 신경을 쓸 필요가 없다. 이 분리형이 곧 미국식 지역사회학교이다.

통합형 지역사회학교는 전통적인 학생교육과 주민교육을 의도적으로 구분하지 않고 한데 어울리도록 운영하는 방식이다. 즉 주민교육을 위한 시설이 학생들의 교실과 나란히 서 있고, 식당이나 체육관은 공유하며, 성인교실의 수업시간도 많은 경우에 주간에 배정되어 있다. 그리고 나아가 주민들 가운데 전문지식이나 기능을 가지고 있는 사람은 보조교사 또는 임시교사로 학생 교육을 돕는다. 즉 학생교육 프로그램과 주민교육 프로그램이 공간적으로나 시간적으로 구분되지 않을 뿐만 아니라 학생교육에 주민들이 광범위하게 참여하는 것이다.

이 통합형 지역사회학교는 영국이 발전 시켜온 방식이다. 영국식 지역사회학교운동이라고 부를 수 있다. 위에서 간단히 기술한 바와 같이 지역사회학교운동은 나라마다 전체의 여건에 맞도록 발전시켜 왔다. 이런 뜻에서 우리도 이제는 어떤 형태의 '지역사회교육운동이 우리 사회에 가장 적합한 것인지 따져볼 필요가 있다.

한국사회의 특성에 가장 잘 들어맞는 한국식 지역사회학교운동의 정형을 만들 때가 되었다. 필자의 소견으로는 우리나라의 지역사회학교운동에 있어서 학교가 지니는 중요성은 결코 경시되어서 안되겠지만, 이 운동을 학교가 독점하는 방식이어서는 안된다고 생각한다.

학교가 독점하지 말아야 한다는 말은 학교라는 시설만을 의미하는 것이 아니다. 지역사회교육운동에 지역사회의 주민과 지도자들이 주체적으로 참여할 수 있어야 함을 동시에 의미한다.

지역사회학교운동은 학교가 주민을 이끌고 가는 형식이어서는 안된다. 학교와 지역사회주민이 상호 대등한 입장에서 협력하는 방식이어야 한다. 주민의 주도권이 약간 더 강한 편이 좋을 것이다.

한편, 미국, 영국, 독일 또는 어떤 나라이든 간에 오늘날의 지역사회교육운동은 주민들을 위한 교양강좌나 여가선용 프로그램으로 끝나지 않고 해당 지역사회의 총체적 발전이라는 관점에서 교육 문제를 다루는 것이 새로운 두드러진 특징이다.

다시 말하면 교육이라고 해서 교양강좌나 몇개 듣는 것으로 목표가 달성되는 것이 아니라는 것이다. 사회 전체가 먹고 사는 문제, 정치 문제, 보건 문제, 계층 문제로 얽혀 있는데, 주민들을 교실에 모아놓고 교양교육을 한다고 해서 교육 수준이 올라가고 교육 문제가 해결되는 것은 아니다.

교육은 지역사회 전체의 문제를 해결하는 데에 의미가 있어야 한다. 지역사회교육운동에 관한 평가연구들은 교육만을 위한 교육을 했던 운동은 대체로 실패한 반면, 지역사회 전체의 문제와 관련지워 실시한 교육들이 성공하였음을 밝히고 있다.

이런 의미에서 한국의 지역사회교육운동도 이제 새로운 출발을 하지 않으면 안된다. 우리 사회가 당면하고 있는 정치적 경제적 민주화, 사회 집단 간의 갈등, 분단된 민족의 통일성 회복, 교육적 불우 집단문제, 고질적인 교육제도의 모순 등과 마주서서 그러한 문제의 해결에 도움이 되는 지역사회교육을 추진해야 할 것이다. 아울러 각 지역사회마다 그 지역사회가 당면하고 있는 문제를 정리하여 그러한 문제들과의 관련 속에서 주민 교육을 구상하여야 할 것이다.

누구나 끊임없이 배워야 사람답게 살아갈 수 있는 이 시대에, 배움의 기회를 누릴 수 없는 이웃을 위한 사업을 펴나가는 것은 지역사회교육운동의 이러한 방향에 접근하는 계기가 될 것이다.

4.
우리나라 지역사회교육운동 30년 화보집 발간
– 그 성과와 평생교육의 새로운 출발 다짐

한국지역사회교육운동을 전개해온지 30년이 되던 해에 한국지역사회교육 중앙협의회는 지역사회교육운동 30년사(1969~1999년) 화보를 발간했습니다. 학교를 중심으로 전개해왔던 평생교육을 지역사회로 확장시켜 나갔습니다.

정주영 회장님이 지어주신 지역사회교육회관을 1995년 3월 30일 개관함에 따라 모두의 배움과 성장의 보람을 엮어가는 새이웃 만남의 터전이 생긴 것입니다. 서울 송파구 방이동에 지역사회교육회관이 개관되면서 다양한 평생교육 지도자를 양성하고 평생교육 사업을 극대화시켜 나갈 수 있게 되었습니다.

국가가 체제를 갖추기 전에 30이란 기간을 혼신을 다해 지역사회교육운동 정신과 실천에 기반을 두고 평생교육을 일궈온 정주영 이사장, 이상주 회장, 문용린 교육부장관, 오재경 전 고문의 생생한 인사와 축사를 담았습니다.

■ 발간사
지역사회교육운동 30년, 그 성과와 새로운 시작

정주영

한국지역사회교육재단이사장

/ 현대그룹 명예회장

1959년 지역사회교육운동이 이 땅에 처음 소개되고, 강산이 변하기를 사 차례, 어느덧 한국지역사회교육협의회가 창립 30주년을 맞이하게 되었습니다. 30년이라는 세월이 어찌 보면 후리의 교육사에 일권(日淺)하기 이를 비 없지만 지역사희교육의 불모지나 다름없던 이 땅에 씨앗을 푸리고, 보람과 사명으로 지역사회교육운동을 가꾸어 왔다는 점에 비추어 볼 미 대단히 가치롭고, 의사적인 일이라 아니할 수 없습니다.

이 운동을 통해 우리는 이 땅의 많은 사람들에게 평생교육이라는 교육적 가치를 심어주었고, 지역사회를 향해 학교 문을 활짝 열게 함으로써 새로운 교육공동체를 만들어나가는 데 기여하였습니다. 그러나 우리는 이와 같은 30년 성과와 가치는 2세기를 맞이해 새롭게 변화되지 않으면 안 되는 상황에 직면해 있습니다.

21세기는 바로 지식과 정보화라는 환경의 시대이기 때문에 우리로 하여금 과감한 개혁과 변화를 요구하고 있고, 그 도전을 받아들이지 않고서는 더 이상의 발전을 기대할 수 없도록 하고 있습니다.

이러한 관점에서 우리 한국지역사회교육협의회는 새롭게 지역사회교육운동 30년을 돌이켜 보아야 할 것입니다. 이 운동, 이 단체가 어떻게 태어났으며, 어떤 시련과 과정을 거쳐 오늘에 이르게 되었는가를 성찰해 볼 필요가 있는 것입니다. 지난날의 성과와 과오를 되돌아봄으로써 앞으로의 새로운 목표를 향해 나아가는 것이 우리에게 주어진 진정한 사명이자 역할이기 때문입니다.

「한국지역사회교육운동 30년」 화보집은 단순히 역사적 사실의 기록에 그치지 않을 것입니다. 과거의 사실들은 미래의 역사와 필연적으로 연결되어 있다는 명백한 사실에 비추어 지나 온 지역사회교육운동의 30년의 의의를 계승하여 더 한층 새로운 도전과 발전을 이루어 앞으로의 새로운 지역사회교육운동 위업과 도약의 시금석이 될 것이기 때문입니다.

끝으로 본「한국지역사회교육운동 30년」화보집이 완성되기까지 많은 노력을 아끼지 않으신 편찬위원 및 실무자 여러분들의 노고를 높이 치하하면서 아무쪼록 본 책자가 우리 한국지역사회교육협의회의 기록으로서 뿐만 아니라 학교와 지역사회의 발전에 도움이 되는 자료로 활용됨은 물론 한국교육사에 중요한 기록으로 남게 되기를 바랍니다.

■ 간행사
지식, 정보화를 지역사회교육운동의 새로운 패러다임으로

이상주
한국지역사회교육 중앙협의회장
/ 前 교육부 총리

 1960년대 말 정치적 소용돌이가 가라앉고, 경계적 성장의 교두보를 막 세워갈 무렵인 1969년 교육자, 기업가, 학자, 사회단체인사, 언론인 등 뜻 있는 분들에 의해 한국지역사회학교후원회가 결성되어 지역사회교육운동을 시작하였습니다. 이렇게 시작한 활동이 지난 해 창립 30주년을 맞이하기에 이르렀고, 이를 기념하는 기념 행사 및 다양한 사업을 전개하였습니다.

 금번 「한국지역사회교육운동 30년」 화보집 역시 그 사업의 일환으로 30년 지역사회교육운동을 새롭게 조명해 보고, 또한 30년 지역사회교육운동 사료로서 길이 보존하고자 하는 목적에서 발간하게 되었습니다.

 1969년부터 우리가 걸어온 지난 30년은 우리나라 지역사최교육의 역사 그 자체라고해도 과언은 아닐 것입니다. 학교와 지역사회를 하나의 교육공동체로 만들어나가기 위해 노력해 온 결과 전국적으로 1200여개의 학교가 지역사회학교로서 활동하고 있으며, 성인, 청년들의 재능과 역량을 발굴하여 지역사회의 자원봉사자 및 지도자로 활동할 수 있도록 하는데 기여하였습니다.

특히 1990년대 들어 전문적인 부모교육 프로그램을 개발하고, 이를 육성 · 보급하는 사업을 활발히 펼쳐 명실공히 부모교육을 앞장서 이끌어 온 선두주자로서 그 위상을 높였습니다. 뿐만 아니라 지역주민들의 평생교육의 진흥을 위한 역할과 사명을 충분히 지켜오고 있습니다 ..

그러나 지금 우리 21세기 사회는 지식과 정보화 중심으로 탈바꿈하고 있습니다. 이에 우리도 지식, 정보화를 지역사회교육운동의 새로운 패러다임(Paradigm)으로 지향해 과감한 개혁과 변화를 시도해야만 합니다.

이러한 시점에 「한국지역사회교육운동 30년」 화보집 발간은 변화의 원동력이 될 것입니다.

전국의 회원 및 실무자 여러분! 20세기의 30년을 정리하고, 이를 바탕으로 21세기의 또 다른 30년을 생각하면서 새로운 교육공동체 형성시킬 수 있는 신 지역사회교육운동을 펼쳐 나가기 위한 부단한 노력을 부탁드립니다.

끝으로 화보집 발간을 위해 많은 시간과 노력을 아끼지 않으신 편찬위원 여러분과 실무관계자 여러분들에게 심심한 감사를 드리며 본 화보집이 지역사회교육운동사의 중요한 사료(史料)로서 뿐만 아니라 교육적 가치를 지닐 수 있는 자료로서 널리 활용되어질 수 있기를 바랍니다.

■ 축사
「한국지역사회교육운동 30년」 화보집 발간을 축하하며

문 용 린

교육부 장관
/ 한국지역사회교육 중앙협의회 이사

지난 30년 동안 지역사회교육운동을 통해 평생교육체제 실현과 가정 ·
학교 · 사회를 연계한 교육공동체 구성을 위해 핵심적인 역할을 해오신 한
국지역사회교육협의회 회장님을 비롯한 회원 여러분의 노고에 진심으로 감
사와 치하의 말씀을 드립니다.

한국지역사회교육협의회는 1960년대 말에 창립하여 우리나라에서는 처
음으로 지역사회학교 운영지도력 배양, 학고 교육환경개선사업, 학생의 방
과 후, 방학 중 특기·적성교육, 지역사회교육운동에 대한 학부모 의식교육,
지역주민의 평생학습 제공, 각종 봉사활동 등 다양한 교육 활동을 전개하
여 학교교육 발전에 많은 공헌을 했을 뿐만 아니라, 정부에서 중점적으로
추진하고 있는 교육개히 구현에도 크게 이바지하였습니다. 저 자신도 그간

이 협의회의 이사로서 미력하나마 일조했다는 점에 대하여 큰 자부심을 가지고 있습니다.

이번에 창립 30주년을 맞이한 한국지역사회교육협의회에서 그간의 역할과 의미를 한데 모아 「한국지역사회교육운동 30년」 화보집을 발간하게 된 것은 우리나라 지역사회교육운동의 역사적 기록인 동시에 향후 새로운 지역사회교육운동의 길잡이가 되리라고 믿어 의심치 않습니다.

이제 우리가 맞이한 새 천년은 지식정보화 시대로서 우리나라 각 분야에서 다양한 변화를 요구하고 있습니다. 교육도 학생뿐만 아니라 전국민을 대상으로 한 교육으로 지식, 가치의 전수뿐만이 아니라 새로운 기술과 정보력을 갖춘 사람을 길러내는 교육으로 시간, 장소를 초월한 공간적 교육방법 등으로 변모되어야 할 것입니다.

한국지역사회교육협의회에서도 이러한 새 천년의 세기적 상황에 걸맞는 가정 · 학교 · 사회의 교육공동체 구성과 지역사회교육운동을 전개할 수 있는 새롭고 획기적인 교육 프로그램을 개발, 적용하여 지속적으로 교육발전의 큰 역할을 담당해 줄 것을 당부합니다.

지난 30년간 한국지역사회교육협의회의 노정과 수고가 담긴 「한국지역사회교육운동 30년」 화보집 발간을 다시 한번 축하하며, 무궁한 성장과 발전을 기원합니다.

■ 축사
「한국지역사회교육운동 30년」을 축하한다

오재경

풀랜인터내셔날 한국휘원회 회장
/ 前 본회 고문, 문화공보부장관

30년 전 동아일보사와 미국 주한공보원이 공동으로 주최한 국제세미나에서 다룬 '변화하는 세계를 주도하는 시민사회운동'이 근거가 되어 탄생한 한국지역사회교육협의회는 명실공히 한국에서는 처음으로 지역사회교육의 발전과 비전을 걸머지고 동분서주해 왔습니다.

그리고 창립 30주년을 맞이해 그 발자취를 묶어 「한국지역사회교육운동 30년」 화보집을 발간한다고 하니 그 값진 수고에 찬사를 보내는 바입니다.

나는 이 운동을 이 땅에 탄생시킨 한 사람으로 그치지 않고 이 운동과 신봉자로서 대단한 자부심을 갖고 있습니다. 지금은 일선에서 활동은 하지는 않지만 늘 지역사회교육인의 한 사람으로 살아오고 있는 것도 이운동을 진정으로 사랑하고 있기 때문입니다.

돌이켜보건대 나를 비롯한 당시의 많은 분들이 우리 나라에서도 이 운동이 뿌리 내릴 수 있다는 가능성을 믿으면서 언제나 즐겁게 이 운동을 실천하였습니다.

1분, 1초희 시간을 아껴가면서 전국 방방곡곡을 찾아다닌 결과 많은 학교와 마을에서 성인, 청소년, 아동들에게 진정으로 이 운동을 뿌리내릴 수 있었습니다.

이러한 노력들의 결실들을 지난 해에 개최된 한국지역사회교육운동 30주년 기념대회를 통해 느낄수 있었습니다. 한마디로 한국지역사회교육협의회가 30년 동안 얼마나 정열적으로 진력을 다해 지역사회교육운동을 펼쳐왔는가에 새삼 놀랐습니다.

다시금 지역사회교육운동사업을 일으킨 미국의 모트 회장(Charles Stuart Mott)의 공로를 더듬어 보면서 우리나라 지역사회교육운동의 창시자이신 정주영 회장의 선구자적 공적을 다시 한번 크게 감사드립니다.

끝으로 금번 발간된 「한국지역사회교육운동 30년」 화보집이 지역사회교육운동을 일선에서 실천하고 있는 종사자는 물론 후학들에게 훌륭한 자료로서 참고가 되고, 혼란을 빚고 있는 한국의 교육풍토에 참신한 활력소가 되어 질 수 있기를 진심으로 기대하는 바입니다.

■ 축시
새 천에는 꽃등을 밝혀들고

김 소 엽

시인 / 호서대 교수

우리가 가난했던 60년대 말

경제발전과 수리논리에만 급급했던: 시절

미래를 내다보는 한 선지자가 있어

청소년들을 올바르게 자라게 하는 것이

나라의 장래를 가장 튼튼히 하는 길임을 알고

지역사회교육의 등불을 밝혔네.

작은 등불이 한 동네. 두 동네 켜지면서

삼천리 강산 어둡던 마을에도 불을 밝혔네

작은 등불 하나가,온 동네를 비추고

작은 불빛이 모여서 밝은 사회를 이루듯이
지역사회교육운동의' 등불이 새이웃을 밝혀나갔네

뒤돌아보면, 30의 푸르른 나이 되기까지.
어두운 곳마다 전국 방방곡곡
등불 들고 발이 부르트케 뛰어다닌
지역사회 일꾼들
부모역할교육. 학부모교육, 좋은 학교 만들기 등
지속적인 프로그램 개발과 운동으로
잘 자란 청년의 나이가 되었거니
그대는 이름 없는 이들의
땀과 노고, 봉사와 헌신, 눈물과 기도의
자양분을 먹고 자란. 그대여!
새 천년의 문턱에서 장성한 나이 되었으니
그대여, 그대 가는 곳마다
학생과 학부모, 학교가 혼연일체 되어
가장 아름다운 가치관을 창출하고,
가장 기본이. 되는 도덕과 윤리가 숭상되고

그리고 세계인을 이끌어 가는 능력 있는 지도자가 배출되는

조화롭고 아름다운 사회를 이루어

한국인의 꿈을 세계를 향해 꽃피우는

그대여!

새 천년에는 꽃등을 더욱 찬란히 밝히시라.

제2부

—

조직을 강화하고
평생교육을
실천해 나가다

제6장

충북 평생교육을 추진할
임원 및 실무 조직을 강화하다

1.
세미나에 참석한 초중등학교장 70여명이
학교중심 충북 평생교육을 탄생시키다 (1985~1989년)

1985년 3월 한국지역사회학교후원회 주최로 충북교육위원회 후원을 얻어 '지역사회교육운동과 교육환경'이라는 주제를 가지고 수안보 한알 유스호스텔에서 지역사회교육운동 세미나를 개최하였습니다. 이 세미나에 교장 중심으로 구성된 70명의 충북 교육자들이 모여 지역사회교육운동 이야말로 날로 심각해지고 있는 청소년 문제는 물론 학교발전, 지역사회발전을 위해 꼭 필요한 운동이라고 절감하여 1985년 3월 23일 한국지역사회교육 충북협의회가 발족되었습니다.

이어 정관이 통과되고 협의회장에 김근세 교장, 부회장에 진기두 교장, 이기둔 교장, 김영명 교장, 총무에 김현기 교장이 선출되고 감사 2명, 간사 2명, 운영위원 5명을 선정하므로써 추진 기구가 발족되었습니다.

70명의 회원으로 출발했던 충북의 지역사회교육운동의 초창기에는 과연 무슨 일을 어떻게 할 것인가에 대해 막연했고 과거의 어머니회와 어떻게 다른 지를 이해하지 못하였습니다. 그러나 해마다 지역사회교육운동을 이해하는 수가 차츰 늘어나 5년째 되는 1989년에는 147명으로 발족당시보다 회원수가 2배가 넘게 증가 되었습니다.

아울러 1989년에는 효율적인 지역사회학교 운영이 이루어질 수 있도록 회원학교에 단체가입을 권장하여 18개 학교가 학교문을 활짝 열고 주민들의 배움터로 적극 활용할 수 있도록 모두가 배우고 가르치는 지역사회학교 운동을 실천해 나갔습니다.

활동 5년이라는 짧은 역사를 지난 충북협의회이지만 발자취를 더듬어 보면 1985년은 본 운동을 준비하고 시작한 태동기였으며, 1986년부터 88년까지는 계몽기로서 한국지역사회학교후원회의 지원을 받아 세미나, 워샵 및 연수를 통해 충북 도내에 지역사회교육운동을 보급하고 확산시켰습니다.

1989년은 정착기로서 각 시·군별로 세미나, 연수를 통해 본 운동을 널리 알리기 위해 단체학교를 방문하여 본 운동을 적극 홍보하고 지도하고자 애쓴 시기이기도 합니다.

또한 지역사회학교 운영의 활성화를 위해 지역사회학교 간에 정보를 교환하고 본 운동을 널리 알리고자 협의회 자체적으로 새이웃을 발간하였으며, 시, 군별로 추진회를 결성하여 시, 군단위 지역사회교육운동을 적극 추진하고자 많은 노력을 기울였습니다. 이렇게 5년 동안 닦아 놓은 기반위에 1990년대는 구체적인 실천 목표들을 세워 본 운동을 도내에서 확산 발전시키기 위한 노력을 경주하였습니다.

그동안 1985년 3월에 조직된 충북협의회는 유급 실무자 없이 교장 중심인 회원들과 김근세 회장님의 근무지인 주성초등학교 교직원들의 도움으로 충북협의회 사업을 추진해왔습니다. 하지만 본부인 한국지역사회교육 중앙협의회에서 1987년 말 청주사범대학에서 교육학을 전공하고 사회교육전문요원(현 평생교육사) 자격증을 취득한 김영옥 씨를 지역사회학교 충북협의회 초대 실무 간사로 채용하였습니다. 유급 실무자인 간사를 채용하게 되면서 사업 추진에 탄력을 받게 됩니다.

한국지역사회교육 충북협의회 임원
(오른쪽부터 김종우 중앙부장, 김근세 회장, 김영명 부회장, 진기두 부회장,김영옥 간사)

출처: 한국지역사회교육중앙협의회(1992) 한국지역사회교육운동 20년 1969~1989.

2.
실무자를 채용하고 정기적인 총회 개최, 임원 선출, 사업 성과 보고 및 계획을 수립하다

주성초등학교장이신 김근세 충북지역사회학교협의회장님은 1985년 발족한 이후 유급 실무자 없이 사업을 추진해갔습니다. 임원중 간사를 선출, 또한 주성초교 연구부장을 무급 간사로 임명하고 유급 실무자가 채용되기 전 1987년 10월까지 사업을 추진해왔습니다.

제가 초대 간사로 입사하기 전 1987년 10월까지 이루어졌던 사업을 살펴보았습니다.

1986년 1월 23일 충북교육위원회 회의실에서 도내 교장·장학사 등 회원 70여명이 모여 연구집회를 가졌습니다. 이 날은 개회식에 이어 유성종 교육감의 지역사회학교에 대한 강의와 김종서박사의 특강 '평생교육과 지역사회학교' 를 듣고 점심 식사를 하며 지역사회학교의 효과적인 운영방안을 협의하였습니다. 1987년 8월 회원 60명이 참석한 가운데 2차 정기 총회를 개최합니다. 이 자리에 유성종 교육감이 함께하여 평생교육 실천을 위한 지역사회학교 중요성에 대한 특강, 황종건 이사의 지역사회교육운동과 평생교육 이란 강의가 이어졌습니다. 이어 정기 총회가 실시되어 사업 보고 재정보고 회칙 개정 사업계획이 통과 되었고 임원 선출을 통해 임원 전원이 유임되었습니다.

실무자가 채용되고 1988년부터 매년 정기총회를 개최하게 됩니다. 정기 총회를 통해 회원간의 결속을 다지고 전년도 사업을 평가하고 익년도 사업 계획한 후 인준을 받는 형태로 체계를 잡게 되었습니다.

매년 정기 총회에서 한 해를 평가서를 작성하여 보고하였으며, 전년도 평가한 것을 반영하여 다음 해 계획하는 절차를 밟은 것을 알 수 있습니다.

평생교육사의 평가보고 업무 영역이라고 볼 수 있습니다. 평가 보고 업무는 평생교육 사업 활성화에 중요한 영역이라 할 수 있습니다.

■ 1990년 충북협의회 사업 방향
- 충북협의회 협의회 사무실을 이용한 프로그램을 …

김근세 회장

충북협의회는 지난 1년간 교장들은 물론 교감, 담당교사, 운영회 임원들까지 확대하여 지역사회교육운동을 이해시키고 처음으로 보고회까지 개최하여 지역사회학교 운영에 실질적인 도움을 주고자 많은 노력을 기울여 왔다. 또한 후원회의 도움과 많은 회원들의 성원에 힘입어 사무실까지 마련하였다. 대망의 1990년대를 맞이하여, 새롭고 다소 안정된 분위기 속에서 다각적으로 지역사회교육운동을 확산·발전시키고자 한다. 첫째, 전문교수들로 구성된 자문위원회와 후원회를 조직하여, 단위학교를 폭넓게 이해시키고 협의회의 바람직한 방향 제시와 사업을 논의하고자 한다. 둘째, 단체회원교 임원교육과 시범 지역사회학교를 육성하여 타 지역사회학교 운영에 도움이 되도록 한다. 셋째, 협의회 사무실을 활용하여 정년퇴임한 회원들을 대상으로 보람차고 뜻있는 선배시민교실을 운영하고자 한다. 마지막으로, 무엇보다도 중요한 단위학교 방문과 「새이웃」 발간을 통한 홍보사업에도 중점을 두고 활발하게 전개하고자 한다.

■ 1990년 충북협의회 정기총회 개최를 통해 결속을 다지다

1990년 3월 30일 오전 10시 주성국교 강당에서 정기총회가 본 협의회 김한표 총무의 사회로 진행되었다. 개인회원·단체회원 총 115명의 참석으로 총회 성원이 이루어져 협의회 진기두 부회장의 개회 선언으로 총회가 시작되었다. 김근세 협의회장의 인사말씀이 있은 후, 본 협의회 간사가 1989년도 사업보고와 1990년도 사업계획에 대해 설명하였고, 이어 심홍섭 감사의

1989년도 감사보고 등이 있었다. 총회 후 권이종 교수(한국교원대학교 교육연구원장)가 「교육자치와 지역사회교육운동」이란 주제로 강의를 해주어, 참석한 회원들은 교육자치시대를 맞아 지역사회교육운동이 절실함을 다시 한번 느낄 수 있게 되었다.

　　청주·중원·음성 지역사회학교 임원 76명이 참석한 가운데 임원교육이 개최되었다. 지역사회교육운동의 이해를 돕고자 「지역사회학교 태동」이란 영화와 「태동에서 20년」이란 슬라이드를 상영한 후, 후원회 주성민 총무가 「지역사회학교 운영의 실제와 임원의 역할」에 대해 1시간 30분간 강의를 해주어 참석한 임원들이 효율적인 지역사회학교 운영 방안을 모색하는 데 크게 도움을 주었다. 이어서 김종우 부총무의 진행으로 「지역사회학교란?」과 「실시할 수 있는 프로그램 찾기」에 대한 열띤 토의가 이루어졌으며, 토의 후 임원 역할별 워크숍이 있었다. 이번 임원교육을 계기로 참석한 단체회원교가 지역사회학교다운 운영을 하는 데 크게 도움이 되었으리라 본다.

■ 1990년 충북협의회 정기 총회 특강 :
교육자치와 지역사회교육운동

권이종 / 한국교원대학교 교수(본 협의회 자문위원)

세계 교육개혁의 동향을 보면 평생교육 및
사회교육의 강화입니다.
"학교와 지역사회를 위해서 어떻게 일해야 하는가?
학교는 지역사회를 위해서 무슨 일을 해야겠는가?"로
가장 중요한 역점 사업입니다.

여러 선배님, 동료들을 이렇게 만나 뵙게 되어 반갑습니다. 오늘 이 시간에 제가 무슨 특별한 교육학적인 철학적인 내용을 말씀드린다기보다는 충북 협의회 발전을 위해서 같이 생각해보는 시간이 되었으면 합니다.

우선 주제에 들어가기 전에 주제를 이해하시는데 도움을 드리고자 몇 가지 말씀을 드리겠습니다.

먼저, 세계 교육개혁의 동향을 보면

첫째, 유아교육을 강화하고 둘째, 의무교육의 연장, 셋째, 과학교육의 강화, 넷째, 모든 나라들이 중등교육의 개혁에 초점을 맞추고 있으며 다섯째, 농·공·상업학교 및 좋고 나쁜 학교를 초월해서 모든 학교를 통합해야 하며 여섯째, 고등학교를 개발하고 마지막으로 평생교육 및 사회교육의 강화입니다.

작년 여름에 유네스코 국제회의에 참여했었는데, 유네스코 교육개혁의 최근 주제가

"학교와 지역사회를 위해서 어떻게 일해야 하는가?

학교는 지역사회를 위해서 무슨 일을 해야겠는가?"로 가장 중요한 역점 사업입니다.

우리나라도 세계 교육개혁 동향을 포함하여 사회교육법과 청소년육성법도 제정하고, 많은 대학에서 사회교육 요원을 양성하고 있으며, 개방대학을 설립하고, 산업교육을 하고 있어 다른 선진국과 같은 동향을 밟아가고 있지 않은가? 생각합니다.

그러면 사회교육의 필요성에 대하여 말씀드리면,

오늘날 사회의 급속한 변동으로 인간의 교육적 욕구 충족이나 자기 계발 측면에서 새로운 교육 제도를 절실히 필요로 하고 있습니다. 그런데 전통적 의무교육으로서의 학교교육만으로는 현대사회에 적응하기가 매우 어렵기 때문에 새로운 교육적 욕구를 충족시킬 수 있는 사회교육을 필요로 하게 되었습니다.

마지막으로 교육자치와 지역사회교육운동의 역할과 기능에 대해서 말씀드리기로 하겠습니다.

우리는 정치·경제·사회·문화 등 국민 생활의 모든 영역에서 민주화를 촉진하고자 노력하고 있습니다. 이러한 가운데 가장 중요한 문제의 하나가 지방자치제와 교육자치제입니다. 자치란 말은 기관·단체가 그 자체에 관한 일을 스스로 결정하고 책임지는 것으로, 교육자치제란 중앙과 지방을 막론하고 교육의 자율성, 전문성, 정치적 중립성을 의미하는 제도적 장치입니다. 이러한 지방자치제와 교육자치제는 지역사회교육운동과 깊은 의미를 갖고 있습니다.

지역사회학교는 쉽게 말해서 지역사회와 학교와의 상호 의존적인 관계를 가지고 지역사회의 모든 인적·물적 자원을 최대한 교육과정 속에 도입하는 것입니다. 국가에서 설립한 학교가 도시에서부터 산간벽지까지 있고, 고등교육을 받은 사람들이 산간벽지까지 가 있어 국민을 계몽할 수 있고, 민주주의를 실현할 수 있습니다. 그래서 선진국에서 지역사회교육운동을 전개해 나가는 것입니다.

다행스러운 것은 충북 교육감님께서 이 운동에 상당한 관심을 갖고 정책적으로 밀고 나가고 계시다는 것입니다. 지역사회교육운동은 또한 국민의식 교육, 사회 민주화, 여가선용 등 여러 가지 의미가 있습니다. 지역사회교육운동에 참여하시는 어머님들, 교장 선생님, 그리고 선생님들께서 자발적으로 자원봉사자로 참여하시기 바랍니다.

■ 1991년 충북협의회 제 5차 정기 총회
– 부모교육에 역점

1991년 제 5차 정기총회 본 주성국민학교 강당에서 개최에 본 운동의 필요성을 심어주는 계기가 되었으며 어머니교실 활성화에 크게 도움을 주었습니다. 4월 19일 오전 9시 30분부터 3시까지 5시간 동안 김한표 총무의 진행으로 제5차 정기총회를 가졌습니다. 개인회원 135명, 단체회원 대표

65명으로 총 200명이 참석하여 총회성원이 이루어져 진기두 부회장이 개회를 선언하였습니다. 심홍섭 감사의 감사보고가 있은 후 김근세 협의회장의 '90년 사업 및 결산보고와 '91년 사업 및 예산안에 대한 설명이 있었는데 박수로 통과되었습니다. 이어 임원은 전형 위원을 구성하여 선출하였는데 회장이 김근세 회장이 유임되었으며, 부회장에 진기두·김한표, 감사는 심홍섭·이부영, 이사는 김현태·이봉구·김종하·허석범·김홍팔·임호순·이범순·송진하·봉원기·유갑방·권현중·리선영·신현대 총 13명의 이사가 선출되었습니다.

이어 '밝은 지역사회 활성화' 표창 및 영화 상영이 있은 후 본 중앙협의회 김종서 상임부회장의 특강이 있었다. 김종서 부회장은「부모교육과 지역사회교육운동」이란 주제 강의를 통해 가정교육의 강화를 위해서 필요한 부모교육을 지역사회교육운동을 통해 전개해야 함을 역설하여 회원들에게 본 운동의 중요성을 다시금 일깨워주었습니다.

■ 1992년 충북협의회 제 6차 정기 총회
- 1991년도 사업 평가

1991년은 부모교육에 역점을 두고 사업을 전개해 왔다. 특히 효과적인 부모역할훈련(P.E.T) 프로그램을 가장 활발히 추진했던 해라고 생각된다. P.E.T 프로그램의 대상을 어머니에서 교사로 폭을 넓혔으며, 91년 1월 2기를 시작으로 17기까지 약 250여 명이 정규과정을 마쳤으며 40회에 걸쳐 입문강좌를 하였다.

또한 새이웃 문예교실까지 열어 주부들에게 크게 호응을 얻기도 하였다.
전체적인 사업을 평가해 보면 다음과 같다.

① 교육사업은 대체적으로 계획대로 추진한 편이다.

주로 도내 교장, 교감, 교사, 운영회 임원을 대상으로 세미나를 개최하여 지역사회교육운동의 이념을 보급하였으며 단위 지역사회학교 회원교육과 임원교육에 치중하였다. 특히 청주 지역, 충주지역에 편중하였는데 청주지역은 청주교육청이 본 운동을 금년 당면과제로 적극 협조하여 주었으며, 청주 어머니들이 P.E.T 프로그램과 문예교실에 적극 참여하였다.

도내 모든 시·군에 고루 이념 보급을 못한 것이 안타깝다.

② 간담회, 청소년 부모교실, 지역사회학교 교양강좌, 연수원 특강에 본 자문위원이 다소나마 참여하였으나 본 협의회의 후원회 이사, 자문위원, 임원들 간에 정보교환의 기회가 부족한 편이었다.

또한 지역사회학교 임원들 간의 정보교환도 1회에 그치고 말았다.

③ 조직 사업을 보면 대학생 봉사서클인 '서원 젊은 새이웃'을 조직하였는데, 협의회 행사 시 많은 도움을 주고 있으며 자체 행사로 '흰눈학교'를 운영하고 있어 소외된 아동, 청소년에게 큰 기쁨을 주고 있어 매우 흐뭇하다.

또한 P.E.T 프로그램 수료자들은 덧모임을, 문예교실 수료자들은 '새이웃 문학회' 까지 조직하여 소그룹 활동을 전개하고 있어 지역사회교육 봉사회 조직이 기대되고 있다.

④ 91년은 많은 행사를 치렀는데 그중 지역사회학교 가입교 14개 학교를 직접 방문하여 회원교육과 함께 현판식을 하여 단체 회원의 참여 의욕을 북돋았다.

⑤ 연합행사로 충주·중원 19개 지역사회학교 회원 700여 명이 모인 '새이웃 큰잔치'는 크게 성황을 이루었다.

아울러 지역사회학교 임원들 간에 많은 만남의 자리를 마련하여 자발적으로 추진하고 참여하였다는데 더 큰 의의가 있다.

⑥ 개인회원의 참여 프로그램이 부족하여 모든 회원 관리에 소홀했던 점이 안타깝다.

⑦ 청소년 사업으로 자체적으로 청소년 부모교실을 추진하였으며, 주로 중앙지원 프로그램인 가족역사탐방교실과 청소년 지도자 간담회를 열었다. 자체적인 청소년 프로그램 개발이 시급히 요망된다.

⑧ 인력과 기동력 부족으로 사업 추진에 어려움이 많으므로 사무실의 전산화와 기동력 강화가 요구된다.

3.
임원 회의 및 워크숍을 통해
주인 의식을 강화하다

지역협의회들이 실무 직원이 1명이었기 때문에 임원의 역할이 컸습니다. 임원회의를 정기적으로 개최하여 임원들이 주인의식을 갖고 참여할 수 있도록 하였습니다. 1년 사업 계획을 수립하는 과정을 보면 회장단 회의를 먼저 개최한 후 임원회의를 거쳐 총회를 개최합니다.

당시 20대였던 저는 임원님들과 함께 협의하며 업무를 추진하는 과정을 통해 평생교육 파트너십을 배울 수 있었던 것 같습니다.

■ 1단계: 제 1차 협의회장단 회의

1990년 2월 8일 11시 회장단 5명이 전원 참석한 가운데 새로 마련된 협의회 사무실에서 회장단 회의를 개최하였다. 주로 전년도 사업을 평가하고, 후원회 90년도 사업 방향을 토대로 협의회 사업을 계획하고, 충북의 지역사회교육운동의 활성화가 무엇보다도 중요하며, 도교육위원회와 교육청의 관심과 협조가 있어야 한다는 의견이었다. 아울러 김근세 협의회장은 신학기가 되면 각 시·군 교육청을 방문하여 지역사회교육운동에 대한 관심과 협조를 구하기로 하였다.

■ 2단계: 제 1차 임원 회의

1990년 1차 임원회의는 3월 16일 10시 30분 협의회 사무실이 마련된 후 처음으로 임원 회의를 개최하였습니다. 13명의 임원들이 참석하여 도지정 시범학교 관계자 간담회와 90년도 사업을 계획하고 예산안을 수립하였으며, 총회 개최에 대하여 의견을 나누었습니다. 또한 공석이었던 총무직에 김한표 교장(청주 흥덕국교)을 선임하고 활성화 방안을 협의하였습니다.

■ 지역사회학교 운영 공로자 정년 퇴임식 공로패 전달

① 김종서 후원회 상임 부회장 직접 전달

1990년 2월 18일 제천시 카톨릭회관에서 한표응 교장(제원도기국교)의 정년 퇴임식이 있었습니다. 40여년을 교육에 몸담은 한표응 교장은 '85년 충북협의회가 태동하면서부터 지금까지 협의회 감사로서 충북의 지역사회 교육운동을 확산·발전시킨 공로가 컸던 바, 후원회 김종서 상임부회장이 전달하는 공로패를 받았다.

한표응 교장은 퇴임 답사 중 교직을 떠난 후에도 지역사회교육운동에 보탬이 될 수 있는 일들을 하고 싶다는 열의를 보였습니다.

이처럼 회원이면서 지역사회학교 활성화에 공로가 컸던 교장선생님들에게 본부에 공로패를 전달하며 퇴임후에도 지속적인 활동을 할 수 있도록 격려한 것을 알 수 있습니다.

② 김근세 충북협의회장 전달

지난 8월 정년퇴임을 한 차헌 교장(보은 동광국)과 김성구 교장(청원 내수중)에게 공로패를 전달하였다.

차헌 교장은 초창기부터 본 협의회 임원으로 본 운동의 발전에 기여한 바 정주영 후원회장의 공로패를 받았으며, 김성구 교장은 도지정 시범지역사회학교 운영에 노고가 큰 바 김근세협의회장의 공로패를 받았다.

1992년 8월 정년퇴임을 맞은 단체회원학교 교장 3명에게 정주영 중앙협의회장의 감사패가 수여되었다. 감사패는 류수근(남산국교장), 강복술(예성여중 교장), 최종대(청주여고 교장)에게 전달되었으며, 본 협의회 김근세 회장이 수여를 맡았다.

■ 청주·중원·음성 지역사회학교 임원교육

　　청주·중원·음성 지역사회학교 임원 76명이 참석한 가운데 임원교육이 개최되었다. 지역사회교육운동의 이해를 돕고자 「지역사회학교 태동」이란 영화와 「태동에서 20년」이란 슬라이드를 상영한 후, 후원회 주성민 총무가 「지역사회학교 운영의 실제와 임원의 역할」에 대해 1시간 30분간 강의를 해 주어 참석한 임원들이 효율적인 지역사회학교 운영 방안을 모색하는 데 크게 도움을 주었다. 이어서 김종우 부총무의 진행으로 「지역사회학교란?」과 「실시할 수 있는 프로그램 찾기」에 대한 열띤 토의가 이루어졌으며, 토의 후 임원 역할별 워크숍이 있었다. 이번 임원교육을 계기로 참석한 단체회원교가 지역사회학교다운 운영을 하는 데 크게 도움이 되었으리라 본다.

4.
자문위원회와 후원회를 조직,
평생교육 전문 역량을 강화하다

■ 이사·자문위원 간담회

▲충북협의회 사무실에서 열린 이사·자문위원 간담회

지역사회교육운동을 확산시키고 협의회의 지도력을 강화하기 위해

1990년 8월 11일 협의회 회의실에서 충북 후원회 이사 · 자문위원 간담회를 가졌습니다.

후원회 이사 · 자문위원 · 협의회장단 총 17명이 참석한 가운데 김근세 협의회장의 협의회 활동 소개가 있은 후 "지역사회교육운동의 필요와 실천 과제"라는 내용을 후원회 김종서 상임부회장이 강의를 해주어 본 운동을 이해하는데 도움을 주었습니다. 이어 본 협의회 활성화를 위한 의견을 나누기도 하였는데 86년부터 협의회에 많은 도움을 주고 있는 차주원 후원회장은 후원회 역할의 중요성을 강조하셨습니다.

■ 후원회가 조직되어 재정을 지원하다

1990년 6월 21일 오후 6시 30분 본 협의회 회의실에서 후원회원과 협의회장단 총 8명이 참석한 가운데 후원회를 조직하였다.

김근세 협의회장이 협의회 연혁 및 활동 소개와 후원회 조직경위를 설명 하였다. 이어서 저녁식사를 하며 후원회원과 협의회장단 간에 환담을 나누기도 하였다. 이날 본협의회 차주원 후원회장이 중국방문 관계로 참석을 못하여 아쉬운감도 있었다.

앞으로 본협의회를 도와 주실 후원자 명단은 다음과 같다.
- •회장 : 차주원(음성 평곡산업 대표)
- •회원 : 김용원(현대자동차써비스 이사), 이정하(충북자동차학원 원장),

신만식(유신상사 대표), 정성훈(한양컴퓨터학원 원장)

■ 차주원 충북 후원회장 200만원 희사

차주원 후원회장에게 축하꽃다발 전달 (김영옥 간사)

본협의회 운영의 활성화를 위해 지난 9월에 충복 후원회 차주원 회장 (평곡산업 대표)이 2백만 원을 후원해 주었으며, 현대자동차 써비스 김용원 이사도 백만 원을 후원해준 바 있다. 또한 신만식 이사(유신상사 대표)가 일십만 원을 후원해 주어 협의회 사업을 적극 추진할 수 있게 되었다.

출처: 한국지역사회교육후원회, 새이웃, 1990년 협의회별 소식

제7장

—

평생교육 추진할
사무실 및 센터를 마련하다

1.
주성초등학교 교무실이
첫 번째 사무실이다

1985년 충북에 평생교육을 실천한 한국지역사회학교충북협의회가 발족
되면서 사무실을 회장님이 상주하는 사무실에 두는 것으로 되어 있었습니
다. 따라서 첫 번째 사무실은 주성초등학교 교무실이 된 것이지요. 교무실
연구부장님 옆자리에 책상과 의자를 놓고 업무를 시작했는데 학교 교사들
은 제가 교무실에서 업무를 보는 것을 의아해 했습니다.

궁금하여 질문해오면 한 분 한 분의 선생님들에게 지역사회교육운동의
중요성과 업무를 설명해 드렸습니다. 교사와 교직원들과 친근해지면서 학교
에서 이루어지는 교직원 행사에 참여하다보니 일원이 되어 갔습니다.

당시 세미나, 워크숍, 총회는 주로 주성초등학교 강당에서 진행하였으
며, 회의는 교실과 교장실에서 이루어졌습니다.

2.
정주영 회장님이 충북교원공제회 건물에
단독 사무실을 마련해주다

주성초등학교장이셨던 김근세 충북협의회장님이 퇴임하면서 주성초교에 사무실을 둘 수 없게 되면서 사무실이 필요해졌습니다. 하지만 당장 사무실을 마련하기는 어려운 상황이어서 얼마동안 저는 주성초등학교에 남아 있어야 했습니다. 부임해오신 교장선생님과 교직원들이 편하게 해주셔서 교무실에서 업무를 보는 데는 지장이 없었습니다.

몇 달이 지나 정주영 회장님께서 사무실을 임대해주셨습니다. 마침 교원공제회가 건물을 마련하면서 사무실 한 공간을 사용할 수 있도록 임대를 해주었습니다. 20평 남짓한 공간을 자바라 커텐으로 분리하여 15명 정도 수용할 수 있는 교육 공간을 마련하고 1992년부터 평생교육 지도자를 양성하기 시작했습니다.

    양성된 지도자와 정년퇴직한 평생교우회 교장선생님 등 강사로 활용할
수 있는 지도자가 배출되면서 평생교육 강좌를 확대 운영하게 됩니다. 마침
허름하지만 사용하지 않는 소 강당이 있어서 청소를 말끔히 하고 여름방학
동안 청소년들을 위한 활동성 있는 라보 프로그램, 예절 프로그램을 열었
습니다. 아이들과 부모들의 호응이 높아 여름 방학동안 지속적으로 강좌를
마련하였습니다.

■ 충북협의회 사무실 현판식

    지난 3월 20일 오후 1시 본협의회 사무실에서는 시범지역사회학교 간담
회를 마친 후 현판식을 가졌습니다. 이 자리에는 김근세 협의회장, 김영명

부회장, 김한표 총무와 시범학교 관계자 25명이 참석하였으며, 특히 후원회에서 김종서 상임부회장, 주성민 총무, 김종우 부총무가 참석하여 협의회 발전을 격려 해주었습니다.

■ 충북 – 모두가 배우고 가르치는 센터 프로그램 운영

충북협의회는 22평밖에 안 되는 작은 공간이지만, 처음으로 사무실이 생겨 기뻤습니다. 자바라 커텐으로 교육장과 사무실로 분리하고 10명남짓한 공간이 매일 강좌가 이루어지도록 활발하게 프로그램을 운영하였습니다. 지역사회학교 회원들과 부모와 시민들을 위한 부모교육과 문예 강좌를 마련하였습니다. 또한 낡은 창고 공간을 말끔히 청소하고 청소년들이 여름방학을 보다 알차고 보람 있게 보낼 수 있도록 방학프로그램을 운영했습니다.

성인 대상 프로그램으로는 자녀들의 글짓기 지도에 도움을 줄 수 있는 글짓기 지도자 교육과 자기발전 및 내면 성장을 위한 문예교실이 마련되어 주부들로부터 큰 호응을 얻었습니다. 글짓기 지도자 교육은 김태하(동대국교장, 아동문학가)가, 문예교실은 장병학(미원국교사, 수필가)가 각각 지도해 주었습니다. 또한 P.E.T 프로그램도 활발히 진행하였으며, 1992년 8월에는 사진교실도 개설했습니다.

1990년대 초 평생교육이 잘 이루어지지 않는 상황에서 10평남짓한 공간과 창고 공간이 하루도 비어있지 않을 정도로 활발하게 평생교육 프로그램을 운영했습니다. 회의, 교육, 워크숍, 사회교육실습 등 많은 사업들을 추진할 수 있었습니다.

지금으로 말하면 충북의 평생학습진흥 및 센터 기능을 한 것이라고 할 수 있겠지요.

– 청소년 어린이 글짓기 교실과 한자 교실 운영

글짓기 교실에는 초등학교 3·4학년 학생 35명이 참여해, 2주간 산문, 독후감, 동시, 일기쓰기 등을 배우고 있으며, 신수영(청남국교사, 동화작가)와 박길순(노은국교사, 동시작가)가 지도하고 있다. 한자 교실은 초등학교 5·6학년 40명이 참여하여 3주간 실생활에 필요한 기본 한자를 익히고 있으며, 평생교우회 회원인 김한표, 정석기 강사가 예절 교육을 병행해 지도하고 있다.

– 가족 역사탐방교실 운영

또한 가족 대상 프로그램으로는 부모와 자녀가 함께 충북의 유적지를 돌아보는 가족 역사탐방교실이 운영되고 있으며, 이를 통해 가족 간의 유대감을 높이는 동시에 지역에 대한 이해와 애정을 키우고자 한다. 43가족, 총 99명이 참석하는 성황을 이루었다. 30도를 웃도는 무더위 속에서도 면학으로 이겨내는 부모와 자녀들의 진지한 모습은, 8월에 운영될 예정인 사진교실, 청소년 예절교육, 라보교실은 물론 협의회 센터 프로그램 전반의 활성화에 큰 힘이 되고 있다.

– 어린이 한자교실 8월 7일 수료식

1992년 7월 21일부터 시작된 어린이 한자교실이 8월 7일 수료식을 가졌다. 23명 수료자 중 6명이 개근하여 옥편을 상으로 받았고, 학부모들의 찬조금이 모일 만큼 높은 만족도와 호응을 얻었다.

– 청소년 예절교육 운영

1992년 8월 11일부터 13일까지 3일간 중앙협의회 정민숙 강사의 지도 아래 청소년 예절교육이 실시되었다. 청주시 국·중학교 학생 25명이 하루도 빠짐없이 전원 출석하는 높은 열의를 보였다.

– 제4회 라보교실(영어율동)

1992년 8월 10일부터 2주간 부모와 자녀 15명이 함께 참여한 가운데 송 정 강사의 지도 하에 영어율동 라보교실이 열렸다. 이전에 참여한 가족이 재참여하는 등 프로그램의 연속성과 흥미를 더했다.

■ 서원대 사회교육 실습 기관으로서 기능

1992년 6월 29일부터 7월 25일까지 4주간, 서원대학교 교육학과 4학년 학생 5명이 본 협의회에서 사회교육 실습을 받았다. 실습은 오리엔테이션을 시작으로 1주 차에는 지역사회교육운동의 이해를, 2주 차에는 지역사회학교와 협의회 센터 프로그램의 기획 및 문서 작성 실습을, 3~4주 차에는 현장실습을 통해 실무를 익히는 방식으로 진행되었다. 매년 사회교육 실습이 이루어졌다.

3.
정주영 회장님이
50여 평 평생교육의 장을 마련해주다

계약 기간이 만료되면서 점점 높아지는 지역사회의 학습 요구에 부응할 수 있는 강의실을 갖춘 사무실이 필요하게 되었습니다. 마침 정주영 후원회장님께서 지역에 기금을 나누어 주셨던 상황이라서 기금으로 50여평 되는 사무실을 임대하였습니다. 대강의실, 소강의실, 회장실, 사무실까지 갖춘 학습센터였습니다. 어찌나 기뻤는지 임원님들과 봉사회와 평생교우회, 새이웃 문학회원 모두가 함께 이전을 도와주어 새로운 공간에 잘 안착할 수 있었습니다. 2개의 강의실은 하루도 쉬지 않고 강좌, 회의가 이루어졌습니다.

50여 명을 수용할 수 있는 공간에서는 세미나, 워크숍, 등단식, 가족 한마당, 부모교육 강좌, 평생교육 강좌, 행사 등 다채로운 평생교육이 펼쳐졌습니다. 그리고 소 강의실에서는 한문교실, 동아리 활동 등 쉴틈없이 공간이 역동적으로 운영되었습니다. 방학동안에는 어린이, 청소년들을 위한 인성교육, 특기적성 교육이 이루어졌습니다.

■ 센터 평생교육 정규 과정 운영

- 종이접기교실 : 매주 월 10:00-12:00
- 문예교실 : 매주 목 10:00-12:00
- 한문교실(명심보감반) : 매주 화 10:00-12:00
- 서예교실 : 매주 금 10:00-12:00
- PET. 부모에게 약이되는 프로그램 운영 : 상시
- 방학프로그램 : 청소년 한자교실, 글쓰기 교실 등

■ 방학프로그램으로 글짓기·한자교실 크게 호응

1993년 7월 26일부터 2주간 8회에 걸쳐 어린이 30명이 참여한 가운데 글짓기 교실이 열렸다. 박길순 동시작가(노은국 교사)와 오하영 아동문학가(동락국 교감)이 독후감쓰기와 산문 쓰기를 지도하였다. 또한 국민학교 고학년 40명이 참가한 한자교실은 14회에 걸쳐 진행되었는데 평생교우회 김한표(전 홍덕국교장), 정만길(전 유리국교장) 회원이 지도를 맡아 옥편 찾는

법, 주소, 가족 이름 등 실생활에 필요한 한자와 기초한자를 중심으로 이루어졌다.

■ 서예교실 개강

1993년 5월 21일 충북협의회 회의실에서 20명이 참가한 서예교실이 열렸다. 소농 김희상 강사의 지도로 서예기초부터 시작하여 한글, 한문을 배우게 된다.

■ 부모교육 센터로 자리매김하다

협의회 교육장에서는 효과적인 부모역할훈련(PET), 부모에게 약이되는 프로그램 운영, 청소년 부모교실, 좋은가정 만들기 모임, 부모와 자녀 한마당, 부부한마당 등 부모교육 강좌가 수시로 열리는 부모교육 센터로 자리매김하였습니다.

■ 센터에서 연중 어린이부터 성인에 이르기까지 평생교육 프로그램이 활발하게 이루어지고 있다.

어린이 글짓기 교실 여름·겨울방학동안 초등학교 고학년 30여명 참석 동시, 산문, 일기쓰기, 독후감, 감상문 쓰는 법을 지도하고 있다.	
새이웃 노래교실 매주 수요일, 주부 40여명 참석 어린이 글짓기 교실	
우리들의 사고가 살찌우는 한문교실 매주 화 명심보감부터~	
자녀의 두뇌 개발에 도움을 주는 종이접기 교실 부모와 자녀 20여명 참석	

4.
정주영 회장님이 주신 기금으로
70여 평 평생교육 센터를 확보하다

■ 충북협의회를 청주협의회로 개편,
청주지역사회교육협의회로 새로운 출발

– 지역사회교육운동 발전 개혁방안

우리는 지난 28년간 우리들의 삶의 질을 향상시키고 밝고 활기찬 지역사회를 가꾸어가고자 이 땅에 지역사회교육운동을 펼쳐나가는 일에 여러 사람의 뜻과 정성을 모아왔습니다.

그 동안 우리의 노력에는 많은 성과가 있었고, 조직 면에서의 성장도 상당히 이루어졌습니다. 이제까지 우리가 주력하였던 일은 지역사회교육운동의 이념을 널리 전파하고 협조자를 규합하는 것이었습니다.

그 결과 많은 교육자들의 호응을 얻게 되었고 초창기 서울의 10여개 학교에서 시작되었던 이 운동이 전국으로 파급되어 양적인 면에서는 괄목할 만한 성장이 이루어졌다고 볼 수 있겠습니다.

그러나 냉철한 시각으로 지난 날을 돌이켜보고 우리 운동의 현황과 추진태세를 분석해 볼 때 개선 개혁해야 할 사항이 크다는 것을 부인할 수 없을 것입니다. 더구나 사회가 변화하고 시대적 요구가 질적으로 크게 변모하고 있는 상황에 대응해서 우리가 안고 있는 불합리하고 비효율적인 요소를 과감히 떨쳐 버리고 새로운 변신과 개혁을 도모하지 않을 수 없습니다.

우리는 지금 재출발의 자리에 서 있습니다. 민간단체로서 시민운동단체로서 거듭나는 중요한 결단의 시간을 맞이하고 있습니다. 그 동안의 활동경험과 한정된 우리의 자원과 인력을 바탕으로 실효성 있는 추진전략을 수립하는 일만이 지역사회교육운동을 살리고 그간의 우리의 땀과 노력을 응분의 보람으로 열매 맺게 하는 길임을 확신하면서 이 발전개혁안을 제안합니다. 전국의 임원·회원 여러분들의 적극적인 지지와 동참을 기대해 마지않습니다.

한국지역사회교육중앙협의회

이사장 정주영

– 청주지역사회교육협의회로 개편, 창립 취지문

　우리나라의 지역사회교육운동은 지난 28년간 우리들의 삶의 질을 향상시키고 밝고 활기찬 학교와 지역사회를 가꾸어가고자 이땅에 지역사회교육운동을 펼쳐 나가는 일에 여러사람의 뜻과 정성을 모았습니다. 우리 충청북도도 1985년 3월 23일 창립하여 12년간 도내일원에서 이운동의 이념을 널리 보급하고 협조자를 규합하는등 많은 성과가 있었고 조직면에서의 성장도 상당히 이투어졌습니다. 여러분들께서 물심양면으로 도와주시고 적극적으로 참여하여 주신 결과라고 믿어 감사를 드립니다. 그러나 냉철한 시각으로 지난날울 돌이켜보고 우리운동의 현황과 추진실태를 분석해불때 개선개혁해야할 사항이 있다는 것을 생각하지 않을 수 없습니다.

　이것은 오로지 본 지역만의 일이 아니고 중앙협의회에서 전국을 대상으로 지난 3년여간의 조직운영 사업추진 현황에 대한 평가분석에서 도단위 지역협의회로서는 1) 단위 규모의 방대함으로 인한 비효율성 2) 자치의식 및 공동체의식의 미약 3) 현재 실무인력으로는 도단위 업무수행 붙가능 4) 회원간 정보교환 및 회원활동의 절대적 제약 5) 민간단체의 특성에 따라 다단계 조직유지 곤란 등 실제적인 활동효과를 기대하기 어렵다는 결론울 얻었습니다.

　이러한 문제점울 고려해불때 협의회 활동 지역을 시군단위로 전환해서 새로운 각오로 민간단채로서의 내실있는 운영과 토론하고 착실한 조직기반을 조성해 나가야 한다고 봅니다. 따라서 오늘 청주 청원지역을 대상으로 새로이 발족하는 절차를 휘하게 되었습니다.

앞으로 사무국의 인력과 예산을 청주시, 청원군 지역에 집중하여 주민
성장, 부모성장, 학교성장, 지역사회 발전을 위한 막중한 역할을 감당해 나
가고자 하오니, 청주지역사회교육협의회 발전예 큰 힘이 되어 주시길 간곡
히 부탁드립니다. 감사합니다.

창립위원장 김근세

− 청주지역사회교육협의회 창립 (최익환 회장님 취임)

최익환 회장

청주시 남성초교, 율량초교에서 학부모와 지역주민들을
위한 평생교육으로 지역사회교육운동 활성화에 기여함

1997년은 지역사회교육운동 발전을 위한 개혁의 해로 보고 있습니다.

지방자치시대에 맞게 시군단위의 지역사회교육운동을 전개해 나가고자
합니다.

다시 말씀드리면 청주시, 청원군 지역에 집중화하여 지역사회교육운동

을 내실있게 운영해 나가고자 하며, 지역사회학교 활성화 사업, 부보교육 사업, 지역사회학교 운영에 필요한 지도자 양성, 지도력있는 소그룹으로 육성하고자 하며, 다양한 회원의 참여가 이루어질 수 있도록 회원모집에 주력하고자 합니다.

첫째, 청주시,청원군 지역의 학교가 주민과 협력하는 지역사회학교 활성화될 수 있도록 돕고자 합니다.

청주·청원 초·중등학교 학생들의 전인적인 성장을 돕기 위해 학생들의 방과후 프로그램 운영하는데 도움을 주고자 하며, 또한 학교의 시설. 인적자원을 지역주민들 애게 개방하여 주민들의 평생교육에 도움을 주는 학교, 즉 청주시 청원군 학교들이 지역사회학교로 변화를 가져올 수 있도록 힘쓰고자 합니다. 이러한 지역사회학교 활동을 위해 청주협의회는 학교운영지도자인 교장선생님, 교감선생님, 지역사회교육담당선생님, 운영위원님, 어머니임원들의 지도력 향상에 도움이 되는 세미나 및 월샵올 마련하고자 하며, 학교간의 정보교환이 이루어질 수 있도록 간담회를 지속적으로 마련하여 실제적인 도움을 주고자 합니다. 그리고 지역사회학교 운영에 필요한 프로그램 지도자와 다양한 프로그램을 보급하고자 합니다.

둘째, 을바른 자녀지도을 위해서는 부모들이 바른 교육관을 갖고 부모역할을 수행하는 것이 무엇보다도 중요하므로 부모교육 사업을 활발히 전개하고자 합니다.

부모교육 사업 활성화를 위해, 부모들이 올바른 자녀를 기르는데 꼭 필요한 부모교육인'부보에게 약이 되는 프로그램' 에 보다 많은 부모들이 참여할 수 있도록 힘쓰고자 하며, 부모들에게 지침이 되는 '부모에게 약이 되는 이야기'와 '부모교육 도서' 보급에도 노력을 기울이고자 합니다. 뿐만아니라 부모예절교실과 부모종이접기 교실, 신입생 학부모교실을 마련하여 바람직한 자녀지도를 위해 준비하는 부모가 될 수 있도록 돕고자 합니다.

셋째, 협의회 사무실을 개방하여 다양한 지도자를 양성하고 주민의 성장을 도모하는 지속적인 평생교육 프로그램을 운영하고자 합니다.

여러해 동안 지속적으로 운영하고 있는 장수 프로그램인 한문, 서예, 노래, 사군자, 수필문학교실 회원둘이 성장하여 보람의 결실을 가져을 수 있는 있도록 내실있게 운영하고자 하며, 지도자 양성 프로그램으로는, 자녀들의 굴쓰기와 독서를 지도할 수 있는 지도자 과정을 개설하여 글쓰기, 독서 지도자를 양성하고자 하며, 또한 자녀의 두뇌와 창의력 개발에 도움을 주는 종이접기 지도자를 양성하고 자녀 문제로 고민하고 있는 부모들에게 도움을 주는 자녀교육 상담 자원 지도자를 양성하고자 합니다.

넷째, 지도력 있는 소그룹으로 육성하고자 하며, 다양한 회원 참여가 이루어지도록 회원모집에 주력하고자 합니다.

소그룹(봉사회, 지예회, 평생교우회, 새이웃 종이사랑회, 좋은가정만들기모임, 젊은새이웃, 수필문학회, 서예교실)들이 자신의 성장은 물론 지역사회 발전을 위해 지도력을 발휘하는 모임으로 성장할 수 있도록 돕고자 하며, 회원중심단체로서 더 큰 성장을 가져올 수 있도록 지역사회교육운동에 주인의식을 갖고 참여하는 회원들이 많아질 수 있도록 회원 확보에 힘을 모으고자 합니다.

■ 평생교육센터 프로그램 운영

청주시지역사회교육협의회로 조직 개편 무렵에 70여 평 되는 공간으로 사무실을 이전하게 됩니다. 사무실은 본부 정주영 회장님이 주신 기금으로 임대하게 됩니다. 60명 정도 수용할 수 있는 공간이 확보되면서 다양한 프로그램을 추진하게 됩니다. 주로 평생교육 지도자양성 주력하게 됩니다.

마침 둘째 아이를 출산 이틀을 앞두고 교차로 청주 저널에서 청주지역 사회교육협의회 사업과 실무자 인터뷰를 한 내용을 소개합니다. (교차로청주저널, 1997년 3월 19일)

 사직동 사거리를 오가다 보면 낯설지 않은 간판의 이름이 가던 발걸음을 멈추게 한다. 청주 지역사회운동의 산실인 청주지역사회교육협의회(이하 청사협). 문을 열고 들어서자 70평 남짓한 공간에 김영옥 사무국장과 두 분의 간사들이 프로그램 준비에 여념이 없었다.

 김영옥 사무국장(34살)은 충북지역 사회운동의 실무자로 10여년을 근무해 온 배테랑 간사. 오늘의 청사협이 있기까지 물심양면으로 도와주신 최익환 협회장(현 율량초등학교장)이하 일선에 계신 선생님들과 학부모님들에게 지면으로나마 감사의 말을 전한다는 김 사무국장은 둘째아이 출산을 앞둔 무거운 몸이었다.

대학시절 교육학을 전공하고 사회교육전문요원(평생교육사) 자격증을 취득한 것이 인연이 되어 청사협에서 일하고 있다는 김 사무국장은 교원대에서 교육사회학 석사과정을 수료하였으며, 자그마한 외모와는 달리 당찬 언변과 뛰어난 리더십을 지닌 여성.

28년의 역사를 지니고 있는 우리나라 지역사회교육운동은 "주민들의 삶의 질을 향상시키고, 밝고 활기찬 학교와 지역사회를 가꾸자"는 취지 하에 창립되었다.

현재 전국에는 20개의 협의회가 활동하고 있으며, 충청북도는 1985년 3월 23일 창립되어 12년 동안 충북지역사회교육협의회로 활동하다 올 2월 20일 좀 더 알차고 구체적인 지역사회교육 발전을 위해 청주지역사회교육협의회로 재창립되었다.

김사무국장에게 청사협의 97년 사업 계획을 묻자 한마디로 '지역사회교육운동 발전을 위한 개혁의 해'라고 말하며 운영적인 구체적인 사업 네가지를 제시한다.

첫째, 좋은 학교를 만드는 일이다. 즉 학교가 학생들의 배움의 전당으로서의 역할은 물론이거니와 주민들에게 사회교육 프로그램을 제공하여 주민들의 배움의 터 역할을 하도록 한다. 현재 단체회원으로 가입하여 지역사회학교 활동을 하고 있는 학교는 청주, 청원 지역에 30개 학교며, 단체회원에 가입하는 학교가 점점 늘고 있는 추세다.

지역사회교육에 참여하는 학교는 아이들이 사용하지 않는 시간에 교실을 개방하여 어머니 컴퓨터 교실을 운영한다든지, 비어있는 교실을 활용하여 어머니 취미, 교양 프로그램을 운영하고 있다. 이처럼 지역사회학교에 참여하고 있는 학교의 어머니들은 예전에는 내 아이가 다니는 학교인데도 학교에 드나들려면 부담스러웠는데, 이제는 내 아이들만의 학교가 "아니라 내 학교처럼 느껴져 너무 편안하다고 말한다.

둘째, 부모교육에 역점을 두고 자녀 지도에 도움을 주는 부모교육 프로그램을 많은 어머니들에게 보급해오고 있다. 그 중 90년부터 보급해온 「P·ET 프로그램」을 통해 많은 어머니들이 변화되고 가정이 변화되어 가정 성장에 큰 힘이 되었다.

그러던 중 94년 P·ET 이론을 기초로 해서 한국 실정에 맞는 「부모에게 약이 되는 프로그램」을 개발하였다.

부모 자녀 대화기법, 자녀교육관 정립, 자녀의 학습 관리, 자녀의 진로 지도, 기초 육아법 등 5가지로 구성된 이 프로그램은 강의 위주의 교육이 아니라 교재를 가지고 강의, 실습, 토의를 해나가는 방식으로 참가한 어머니들이 당면하고 있는 자녀 문제를 실질적으로 함께 해결할 수 있는 프로그램이다.

셋째, 지역사회교육 협의회 사무실에서도 주민들을 위한 다양한 프로그램을 전개하고 있다. 프로그램은 크게 주민들의 교양, 취미 프로그램, 지도자 양성 프로그램으로 나눌 수 있다.

월, 목요일에는 서예 교실, 화요일에는 한문 교실, 수요일에는 노래 교실, 종이접기 교실, 목요일에는 수필 교실, 사군자 교실, 금요일에는 부모에게 약이 되는 프로그램, 그 외 부모 예절 교실도 운영하고 있다.

넷째, 다양한 소그룹 모임(봉사회, 지예회, 형제교우회, 새이웃 종이사랑회, 좋은 가정 만들기 모임, 젊은 새이웃, 수필문학회, 서예교실)이 활성화되어 있다.

지역사회가 사회교육의 장으로 주민들에게 개방되어 주민들의 교육, 더 나아가 지역사회의 문제를 해결해 나가는 모습들을 볼 때 지역사회교육협의회는 꼭 있어야 할 단체며, 해야 할 일이 많다는 것을 새삼 느낀다고 미소짓는 김 사무국장.

그녀의 해맑은 미소 뒤로 비치는 봄 햇살이 따사롭기만 하다.

☎66-4494

김영옥 청주지역사회교육 협의희 사무국장

(교차로청주저널, 1997년 3월 19일)

1. 지역사회교육운동을 시작하게 된 동기는?

87년 대학을 졸업하고 생활 연구소 조교로 일하고 있었어요. 그런데 교수님께서 지역사회교육협의회라는 단체가 있는데, 사회교육전문요원(평생교육사)이 필요하다며 저를 추천해 주셨지요. 그것이 인연이 됐어요.

2. 청주시민들의 지역사회교육운동에 대한 관심은 어떤 수준이며, 참여도는?

처음 지역사회교육협의회 초대 실무자로 임명을 받고 어떤 일을 해야 할지 참 막막했어요. 고민 끝에 학교를 중심으로 한 지역사회교육운동에 주력했죠. 왜냐하면 우선 학교의 책임을 맡고 있는 교장 선생님, 어머니 임원들에게 지역사회교육운동의 필요성을 심어주어야 했기 때문이죠. 그러면서 차츰 회원수가 증가하기 시작했고, 지금 현재 지역사회교육운동에 참여하는 회원학교만 75개 학교, 개인적으로 지역사회교육운동에 애정과 열정을 갖고 참여하는 회원수가 200명. 그리고 각 소그룹을 통해 참여하고 있는 회원들이 150여 명, 협의회에서 열리는 프로그램에 참여하는 회원들이 150여 명이 되는 등 적극적인 참여를 보이고 있어요.

3. 현재 청주에도 많은 사회교육단체들이 있는데, 청주지역사회교육협의회가 이들과 다른 점이 있다면?

사회교육을 통해 개개인의 소질과 능력을 개발하고, 삶의 질을 높인다는 점은 모든 사회단체들의 공통된 목적일 거예요. 다만 다른 점이 있다면 청주지역사회교육운동의 프로그램은 지역사회에 있는 학교(학교시설)를 개방하여 학생, 어머니, 선생님이 하나 될 수 있는 교육을 한다는 점이에요.

4. 앞으로(올해) 계획 중인 사업과 운영계획은?

1997년을 지역사회교육운동 발전을 위한 개혁의 해로 보고 있어요. 지방자치시대에 맞게 청주시, 청원군 지역을 집중화하여 지역사회교육운동을 내실 있게 운영해 나가고, 지역사회학교 활성화 사업, 부모교육 사업, 지도자 양성, 지도력 있는 소그룹 모임 운영, 다양한 회원 모집에 주력하고자 합니다.

5. 사회교육운동을 하면서 느끼는 가장 큰 보람은 무엇인가?

뭐니뭐니 해도 가장 큰 보람은 변화되는 어머니들의 모습일 거예요. 처음에 호기심으로 방문했다가 지금은 문학인으로 새로운 삶을 살아가는 어머니도 계시고, 부모교육 지도자가 되어 전국적으로 봉사하러 다니는 어머니도 계세요. 변화된 가정(어머니)의 모습이 나아가 건전한 사회를 만드는 밑거름이 되지 않겠어요.

제8장

—

평생교육 추진할 시군 조직 결성、
방대한 사업을
체계적으로 운영하다

충북 지역을 실무자 1명이 감당하기에는 한계가 있었습니다. 개인 회원인 주로 교장 선생님과 단체 회원이 초중등 지역사회학교가 증가하면서 활성화를 위한 시군 단위 추진 조직이 필요하게 되었습니다.

우선 평생교육을 실천하는 지역사회학교가 가장 많은 충주시· 중원군부터 추진위원회를 1989년 부터 조직하기 시작했습니다. 이어 제천시·제원군 추진위원회, 괴산군 추진위원회 순으로 조직해 나갔습니다.

시군 지역사회교육 추진위원회는 개인회원이 교장을 규합하고 시군단위 평생교육 이념 보급 및 실천 세미나, 단체회원인 초중등학교 간 정보 교류 및 협력하여 지역사회학교 운영의 활성화에 도움을 주고자 노력하였습니다.

저는 시군 추진위원회 조직을 위한 업무를 추진하면서 1명의 실무력이지만 실천 조직을 잘 운영하면 광역 단위 평생교육을 체계적으로 추진할 수 있다는 것을 배울 수 있었습니다.

1.
충주시·중원군 지역사회교육 추진위원회를 결성, 사업을 추진하다

1989년 11월 23일 충주시·중원군 교장 회원 28명이 참석한 가운데

충주여중 교장실에서 추진회 결성을 위한 모임이 있었습니다.

김근세 협의회장께서 추진회의 역할과 교장의 역할을 강조하시어 첫발을 내딛는 충주시 · 중원군 추진회에 많은 도움을 주었으며, 참석한 회원 교장께서 추진회 활성화를 위한 열띤 토론을 벌이기도 하였습니다.

추진회장에 충주여중 진기두 교장, 부회장에 성남국교 이봉구 교장, 감사에 산척 국교 최지환 교장, 이사에 충주농고 손만재 교장, 수안보중 최근렬 교장, 달천국교 홍기철 교장, 대미국교 조민식 교장이 선출되었습니다.

충주시 · 중원군 추진회는 회원들이 추진회의 필요성을 절감하여, 진기두 교장께서 적극 추진하므로써 쉽게 결성될 수 있었으며, 내년에는 충주시 · 중원군내 교장 · 담당교사 · 운영 회장을 대상으로 세미나를 열어 본격적인 활동을 전개할 예정입니다.

2.
충주시·중원군 지역사회교육 연합사업
– 600명 '충주시·중원군 새이웃 큰 잔치'를 추진하다

■ 충주시·중원군 새이웃 잔치
– 충주시·중원군 지역사회학교가 한마음으로 뭉치다

충주시 중원군 추진위원장인 충주여중 진기두 교장선생님은 좋은 학교, 좋은 가정을 만들기 위해서는 지역사회학교 활동의 중요성을 강조하며 지역사회학교 만들기에 앞장섰습니다. 충주여중을 비롯해 충주시·중원군 초중등학교 30여개 학교가 지역사회학교에 가입하여 지역 특성과 학부모 및 주민 수요에 맞게 평생교육 프로그램을 운영했습니다.

특히 한국지역사회교육중앙협의회 김종서 회장님은 충주사범학교 교수를 역임하였기에 교장, 교감 선생님 대부분이 제자였습니다. 교장 선생님들은 충주사범학교 스승님인 김종서 회장님이 충주시 지역사회학교 행사에 오시면 식사 자리를 마련하고 함께 정담을 나누었습니다. 또한 충북 김근세 회장님은 충주 교현초등학교 교사, 음성군 교육장, 충북교육청초등교육국 장님을 역임했습니다. 연령대가 비슷한 김종서 회장님과 김근세 회장님은 충주시에서 초등교사 양성 교수와 초등 교사로 지내던 20~30대에 우정을 다졌던 사이인데 은퇴 이후 지역사회교육운동으로 재회하여 같은 길을 걷게 된 것입니다.

이러한 인연이 충주시·중원군의 지역사회교육운동, 평생교육 활성화에 원동력이 되었습니다. 실무를 맡고 있는 저는 1980년대 후반~1990년 초반에 충주시·중원군의 초중등학교를 가장 많이 드나들며 지역사회교육운동을 추진하였습니다. 충주시·중원군 지역에 평생교육 학교 붐을 조성한 것입니다.

충주시·중원군 지역사회교육 추진협의회 진기두 회장님은 평생교육 활동을 전개하고 잇는 지역사회학교들이 참여하는 작품 발표회와 단합할 수 있는 새이웃 체육대회를 개최를 제안하였습니다. 충주시·중원군 추진협의회가 주최하고 한국지역사회교육 중앙협의회와 충북협의회가 협력하여 대규모의 새이웃 잔치를 추진하였습니다.

평생교육 참여중인 지역사회학교 어머니회원과 관계자 수 백명이 청과 백으로 나누어 체육대회 개회식에 참여하고 있는 모습에서 충주시·중원군의 희망찬 미래가 느껴졌습니다. 드디어 체육대회 출발 신호탄이 터지면서 체육대회가 시작되었습니다. 화약을 터트리는 총소리가 연발하였고 달리기 계주, 이곳 저곳에서 게임이 이루어지는 가운데 터져 나오는 함성은 충주시·중원군의 평생교육 발전의 원동력이 되었습니다.

충주 KBS홀에서 지역사회학교 작품전시회도 열었습니다. 흰 항아리 도자기에 김종서 중앙회장님의 지역사회학교 발전을 기원하는 한 마디를 적어 넣는 세레모니를 시작으로 작품 전시회 테이프를 끊었습니다. 지역사회학교 평생교육 프로그램에 참여했던 작품들이 충주KBS 홀을 화려하게 장식했습니다. 이렇게 많은 학교가 참여하여 작품 전시회를 한 경우는 처음이다보니 발길이 며칠동안 이어졌습니다. 충주시·중원군 지역에 평생교육을 확산하는 계기가 되었습니다.

이렇게 지역사회학교 평생교육 프로그램에 참여하는 시민들이 함께 어우러진 새이웃 잔치는 오늘날 평생학습도시가 추진하는 평생학습 축제 또는 박람회의 모습이라고 할 수 있을 것 같습니다. 충북협의회 실무자로서 저는 여러 날 이른 새벽부터 충주시를 오고 가며 행사를 준비하고 추진했습니다.

만국기가 휘날리는 가운데 울려 퍼지던 지역사회학교 회원들의 함성소리, 평생교육 작품들로 가득 찬 충주시 KBS 홀의 모습에서 관람객을 맞이했던 경험은 훗날 한 해를 마무리 할 때 모두가 참여하는 평생학습 한마당을 운영하는 마인드를 갖게 해주었습니다.

■ 충주·중원 운영회장회의, '새이웃 큰잔치' 준비 박차

충주·중원 지역사회학교 운영회장회의가 1991년 10월 8일 오전 11시 30분, 충주보송 식당에서 열렸다. 이날 회의에는 지역 운영회장 18명이 참석해 오는 15일 개최 예정인 '충주·중원 새이웃 큰잔치'에 대한 준비 사항을 진지하게 협의했다.

회의에는 김근세 충북협의회장, 진기두 충주·중원협의회장, 최지환 남한강국교장이 함께해 행사의 중요성을 강조하며 조언과 격려를 아끼지 않았다.

운영회장들은 행사의 성공적 개최를 위해 역할 분담, 진행 방식, 참석 대상자 등에 대한 의견을 활발히 나누며 지역사회 연대 강화를 위한 뜻깊은 시간을 가졌다.

■ 충주·중원 '새이웃 큰잔치' 개최 1부 : 체육대회 열다
- 600명 참가 하여 '모두가 함께 뛰는 이웃'

금빛 물결치던 오곡과 탐스러운 갖가지 과일의 수확으로 구겨진 농민들의 주름살이 잠시나마 펴지는 가을의 중턱입니다. 가을걷이의 풍요 속에 충주·중원협의회에서는 한 해를 마무리 짓는 연합행사로 10월 15일 충주 남한강국교 운동장에서 19개 지역사회학교 회원 600명이 어우러지는 잔치마당을 열렸습니다.

이날 충북협의회 김근세 회장, 중앙협의회 김종서 상임부회장, 권순무 충주교육장, 현대 김용원 이사가 참석하여 격려해 주었으며, 최실경 충주·중원 후원회장과 지역사회학교 교장들도 자리를 빛내 주었습니다.

600명의 회원은 목련, 장미, 백합, 국화 4팀으로 나뉘어 체육 경기와 장기 자랑을 진행하였고, 팀마다 빨강, 파랑, 초록, 하얀 티셔츠를 입고 조화로운 물결무늬를 이루는 준비체조로 행사의 막을 열었습니다.

이어 3~4명이 호흡을 맞추는 힘모아 영차, 100m 달리기, 피구, 줄다리기, 바구니 터트리기 등 단체경기가 펼쳐졌으며, 특히 바구니 터트리기에서는 '충주·중원 새이웃 큰잔치', '점심시간'이라는 프랭카드가 나와 웃음을 자아내기도 했습니다. 점심식사 후 진행된 풍선 터트리기, 행운의 퀴즈, 400m 계주에서는 오전 프로그램을 통해 팀 간의 친숙함이 형성되어 더욱 호흡을 맞춰가며 화합하는 모습이 돋보였습니다.

운동장 주변에는 팀별 천막이 설치되었고, 참가자들은 나이도 잊은 채 동심으로 돌아가 갖가지 율동과 북·징·탬버린 등으로 응원하며 흥을 돋우었습니다. 장시간의 열전 끝에 백합팀이 승리를 거두며 체육대회의 막을 내렸습니다.

이후 19개 지역사회학교의 장기 자랑이 펼쳐졌고, 모든 학교가 참여하여 노래와 춤으로 숨은 재주를 마음껏 발휘하는 높은 참여 의식을 보여주었습니다. 마지막으로 교장들과 운영회원 모두가 운동장으로 나와 손에 손을 잡고 원을 그리며 '사랑'이라는 노래를 함께 부르는 밝은 모습은 '함께 뛰는 이웃'의 참모습을 느끼게 해주었습니다.

충주·중원협의회 2주년 기념 행사로 열린 이번 충주·중원 새이웃 큰잔치는 여러 차례 운영회장들의 회의를 통해 프로그램을 계획하고 준비하였으며, 실제 프로그램 진행까지 맡아 자발적 참여가 이루어졌다는 점에서 큰 의의가 있습니다.

인간의 성장은 만남을 통한 바람직한 인간관계에서 이루어진다고 합니다. 이웃집은 있으나 이웃이 없는 오늘날의 현실 속에서, 이번 행사는 서로 얼굴을 맞대고 손을 마주잡으며 "모두가 함께 사는 이웃"임을 확인하는 소중한 자리가 되었습니다.

〈김영옥 간사〉

■ 충주·중원 '새이웃 큰잔치' 개최 2부 :
충주 KBS 로비에서 어머니 회원 작품전을 열다

충주시·중원군 지역사회학교 어머니회원 작품전을 마치면서 - 인터뷰

일시 : 1990년 10월 29일(월) 오후 4시

장소 : 충주 K.B.S 전시실

참석자 : 진기두(추진회장/충주여중 교장)
　　　　이종자(담당교사/충주여중 교사)
　　　　윤행원(지역사회학교추진회 연합
　　　　회장/충주여중 운영회장)
　　　　전연숙(전시부장/충일중 운영회장)
　　　　박영자(예성여중 운영회장)

사회·정리 : 김영옥(충북협의회 간사)

출처: 한국지역사회학교후원회, 새이웃 통권 220호, 1990년 11월호 - 이런 만남

진기두 : 먼저 이 좌담회에 참석해 주신 분들을 비롯해서 작품전이 열리기
까지 애써주신 모든 분들께 감사드리며, 후원회 김종서 상임부회
장, 김근세 충북협의회장, 윤병기 충주시교육장께서 격려차 찾아
주셔서 더욱 뜻깊은 작품전이 되기도 하였습니다. 또한 추진회에
후원을 아끼지 않는 최실경 후원회장을 비롯하여 찬조해 주신 모

든 분들께도 감사드립니다.

이번 작품전을 마련하게 된 취지는 충주·중원 13개 지역사회학교 운영회원들의 취미, 여가선용과 자신의 소질 계발을 위해 평소 연마한 작품을 한자리에 모아놓고 회원 상호간의 친목은 물론, 더불어 살아가는 지역사회교육의 참뜻을 실현하기 위해 마련하게 된 것입니다.

이종자 : 10월 27일부터 29일까지 3일간에 걸쳐 개최된 이번 작품전은 13개 지역사회학교를 대상으로 작품들을 모았는데 처음에는 작품이 제대로 들어올까 하는 걱정도 했으나 생각보다 참여도가 높아 작품수가 177점이 나 되는 큰 호응을 얻었습니다. 전시종목을 보면 그림, 사진, 서예, 꽃꽂이, 수석, 공예, 수예, 도자기 등 으로 그중에서도 그림과 공예작품이 가장 많았습니다.

사회 : 13개 학교가 참여하는 연합프로그램이니만큼 작품이 모아지는 과정을 비롯해 모든 행사준비과정, 그리고 작품전을 마칠 때까지 학교간에 보다 적극적인 협조와 성원이 없었다면 이렇게 성황리에 행사를 마칠 수 없으리라 생각되는데요 ……

이종자 : 학년초부터 진기두 교장님께서 교장단 회의만 있으면 작품전에 대해서 적극 홍보를 해왔으며, 아울러 각 지역사회학교 담당교사,

운영회장단들의 모임을 여러 번 마련하여 작품전에 대한 안내를 하고 적극적인 참여를 권장하였습니다. 또한 지역사회학교 운영회장들 중에서 연합회장과 작품전시부장을 선출하여 두 분이 중심이 되어 적극적으로 일을 추진했습니다.

윤행원 : 처음 개최하는 작품전이기 때문에 연합회장을 맡은 저로서는 한편으로는 부담도 컸지만 각 학교운영 회장단들께서 적극적으로 협조를 해주신 덕분에 성황리에 작품전을 마칠 수 있었다고 봅니다. 아울러 행사전에 각 학교 운영회장 회의를 통해 업무분담을 하였는데 모두가 자기 맡은 바 임무를 끝까지 수행해 주어 정말 감사하게 생각합니다. 그리고 작품전시는 전시부장님과 지역사회학교 선생님들께서 맡아주었는데 짜임새 있게 전시를 잘 해주어 이번 작품전의 효과가 컸다고 봅니다.

전연숙 : 생각보다 작품이 많이 들어와 전시장이 풍성해 보여 다행스러웠습니다. 더욱이 충주여중 미술선생님께서 많이 도와주셔서 어려움없이 전시할 수 있었습니다. 사진이 몇점 안되었는데 마침 충북협의회에서 한 코너에 도내 지역사회학교에서 활동한 사진을 전시해주어 눈길을 끌기도 하였습니다.

사회 : 좋은 작품을 조화있게 전시해 준 것도 큰 효과가 있었지만 한복

을 곱게 차려입은 운영회 임원들께서 곳곳에서 정성스럽게 안내를 맡아 주는 모습 또한 보기가 좋았습니다.

박영자 : 지난 회의에서 전시회 기간동안 안내를 맡아 줄 임원들은 한복을 입기로 결정을 했었습니다. 그리고 한 학교에서만 안내를 맡기에는 부담이 크므로 13개 학교가 분담해서 오전 오후로 나누어 안내를 맡기로 했습니다.

사회 : 이번 작품전을 마련하면서 보람 있었던 점이 있다면 ……

진기두 : 추진회가 생긴후 처음 갖는 연합 작품전이라서 참여대상을 폭 넓히지 못하고 어머니 작품만 전시해 다소 아쉽지만, 학교장과 운영회의 열의로 전혀 어려움 없이 행사를 마칠 수 있어 무척 기쁩니다. 또한 충북에서 처음 갖는 연합행사이고, 전국에 서 잘 안되고 있는 연합행사를 훌륭히 마쳤다는 점에서 긍지를 느낍니다.

윤행원 : 작품이 과연 들어올까 하는 의구심과는 달리 솔선 수범하여 적극적으로 참여해 봉사정신을 발휘하는 회원들의 모습에서 보람을 느낄 수 있었습니다.

박영자 : 저회 학교는 처음에는 작품전에 대해 인식부족이었으나 계속해

서 홍보를 했더니 어떤 어머니가 생활이 어려운데도 남모르게 찬조금을 내놓기도 하여 감격 하기도 하였습니다.

종전 새마을어머니회를 운영할 때 보다 지역사회학교 어머니회 활동이 보다 힘들지만 이러한 협조자가 늘어나 더욱 보람됩니다.

사회 : 먼저 충주시· 중원군내 지역 사회학교 회원작품전을 성황리에 마치게 된 것을 진심으로 축하드리며 바쁘신 중에도 이렇게 시간을 내 주셔서 감사합니다. 이번 작품전은 충주시·중원군 추진회 당해년도 사업으로 학기초부터 준비해 온 것으로 알고 있습니다. 따라서 이번 작품전이 열리기까지는 추진회장, 각 지역사회학교장, 담당교사, 운영회 임원들의 숨은 노고가 컸다고 느껴집니다.

오늘 이 자리는 작품전을 위해 애써주신 몇분을 모시고 느낀점을 들어봄으로써 지역사회학교 연합프로그램의 필요성에 대해 다함께 생각해 보는 계기가 되었으면 합니다. 우선 작품전을 개최하게 된 취지 및 일정과 내용에 대해서 말씀해 주셨으면 합니다.

이종자 : 수업후 쉬는 시간만 있으면 작품전 일로 이렇게 하루를 보냈는지 모를 정도로 바쁜 시간의 연속이었습니다. 때로는 수업 외의 업무에 매달린다는 것이 고달프기도 하였지만 작품을 내기 위해 열심히 준비하며 보람있어 하는 어머니들의 모습을 보면서 이런 자리의 마련에 조금이나마 힘이 될 수 있어 흐뭇했습니다.

사회 : 추진회 연륜도 짧은데 연합프로그램을 마련하시느라 애로가 많았을 터인데 무엇이 가장 큰 문제였는지요?

진기두 : 행사를 하려면 재정이 뒤따라야 합니다. 이번 작품전에 참여하는 13학교에 회비를 걷긴 하였지만 재정적으로 어려움이 많았습니다.

이종자 : 처음하는 행사라서 인식도 부족하고 또 여러 학교가 참여하다보니 연락을 취하는데 있어 애로가 많았습니다.

사회 : 이번 작품전을 마련하므로써 충주·중원 지역사회학교에 변화가 있었다면 어떤 점을 들 수 있는지요?

전연숙 : 충주·중원지역은 주부들의 문화행사에 대한 열의는 많으나 문화적인 혜택이 별로 없는 도시입니다. 그렇기 때문에 문화행사가 많아져야 하는데 마침 작품전을 열면서 주민들에게 문화적인 자극을 주었으며, 또한 지역사회교육이나 좀 더 좋은 이웃이 되자는 새이웃 운동을 널리 알릴 수 있는 기회가 되었다고 생각합니다.

박영자 : 이제 새마을어머니회가 지나가고 많은 학교들이 지역사회학교운영회로 명칭을 바꾸어 가고 있습니다. 지역사회학교로 명칭을 바꾸고 나서는 어머니회가 눈에 보이게 발전하고 있습니다. 저희 학

교를 예로 들면 도지정 시범 지역사회학교로 서예, 합창, 테니스 교실을 운영하고 있는데 선생님들께서 수업이 없는 시간에 직접 지도를 해주시고 계십니다. 그래서 운영회에서 선생님들을 도울 길이 없을까를 생각한 끝에 1일 명예교사활동을 시작했습니다. 이처럼 지역사회학교활동을 하다보니까 주민들의 참여가 점점 높아지고 있습니다. 저는 이 작품전이 각 지역사회학교 활동을 활성화시키는데 큰 힘이 되었으리라 생각됩니다.

사회 : 충주 · 중원 작품전이 충북에 서 처음 열리는 연합프로그램이니만큼 본 협의회 지역 사회교육운동 확산발전에 큰 의미를 주고 있는데 앞으로도 꾸준히 개최할 계획이신지요. 아울러 앞으로 추진회의 방향에 대해서 도 말씀해 주셨으면 합니다.

진기두 : 작품전을 마치고 많은 어머니들이 후년에도 계속해서 연합행사를 해줄 것을 바라고 있습니다. 이번 이 처음이니만큼 다소 미흡했던 점도 많았는데 내년에는 연초부터 운영회 연합회와 협의를 하여 체계적인 계획을 세워 작품전 및 예술제를 마련하고 자 합니다. 그리고 재정적인 뒷바라지를 할 수 있는 후원회를 조직하여 활발하게 전개하고자 합니다. 얼마전에 최실경 회장께서 후원회장을 맡아 주어 이번 작품전에 찬조금을 내주시기도 하였습니다.

윤행원 : 작품전을 통해 지역사회학교 어머니들끼리 친밀해져서 연합회를 조직하여 한 달에 한 번씩 운영회장들의 모임을 갖기로 하였습니다. 모임을 통해서 각 지역사회학교간에 정보교환도 하고 각 학교간에 유대 강화를 할 수 있는 연합 프로그램에 대한 공동협의도 가질 계획입니다.

사회 : 참 좋은 모임을 만드셨습니다. 마지막으로 충주·중원 지역사회학교 그리고 충북협의회나 후원회에 바라고 싶은 점이 있으시다면요?

진기두 : 아까도 말씀드렸지만 협의회나 후원회에서 가장 큰 문제인 재정적인 뒷바라지가 있었으면 좋겠습니다. 그리고 교육적인 측면에서 지금 충주 연합프로그램으로 부모역할 교육이 이루어지고 있는데 이와 같은 교육프로그램, 아울러 임원들의 지도력을 강화할 수 있는 연수의 기회가 자주 있었으면 합니다. 작품전을 계기로 지역사회학교 연합회까지 결성되어 움직이고 있는 것으로 보아 기대됩니다만, 각 학교에 .바란다면 지역사회학교 활동이 활발이 전개될 수 있도록 학교장이나 교직원, 운영회의 적극적인 참여가 있기를 바랍니다.

사회 : 충주·중원 작품전을 계기로 지역사회학교 연합회까지 결성된 것

으로 보아 앞으로 각 지역사회학교 활동은 물론 연합행사가 더욱 기대됩니다. 내년에 있을 작품전에는 각 학교에서 취미 교실반을 운영해서 얻어진 작품들을 모아 작품전을 여는 것도 퍽 의미가 있지 않을까 하는 생각을 해봅니다. 앞으로의 활약을 기대하면서 장시간 동안 좋은 말씀해 주시어 다시 한번 감사드립니다.

3.
제천시·제원군 지역사회교육 추진위원회를 결성, 사업을 추진하다

신현대 (제천·제원 추진회장(제천 화산 초등학교장))

"학교의 실질적인 개방을 통하여
학교를 지역주민의 평생교육의 장으로 제공하고
지역사회의 문제점을 찾아내어
공동으로 해결하려는 노력을할 것이며 ……"

학교는 처음부터 사회적 필요에 의하여 사회 안에서 필연적으로 발생하여 오늘의 학교로 발전하였고, 학교는 그 자체가 하나의 사회적 조직이며 또한 교육은 사회적 과정을 통하여 이루어지는 것이다. 그렇기 때문에 학교와 지역사회는 뗄 수 없는 불가분의 관계를 가졌다고 하여도 지나친 말은 아닌 것이다.

그러나 오늘날 학교와 지역사회의 관계를 보면 지역 주민들은 학교를 하나의 국가기관으로 생각하고 학생들만을 가르치는 곳으로 인식하고 있으며, 학교도 학생들의 교육이 전부인 것으로 알고 있는 등 학교와 지역사회가 서로 밀착되지 않는 실정이다. 이로 인하여 학교와 지역사회가 작은 문제도 해결하지 못하고 서로 불화하면서 지나는 예도 볼 수 있다. 지역 주민들은 학교를 지역사회의 공동 재산이며 "내 학교"라는 인식을 가질 때 학교는 더욱 발전할 수 있고 교육력도 높일 수 있을 것이다.

학교도 지역사회 주민들과 자주 접촉하면서 지역사회 속에 뛰어들어 지역사회의 문제점을 발견하고 이를 해결하려는 공동 노력이 필요하며, 학교를 개방하여 지역 주민들의 평생 교육의 장으로 제공될 때 학교는 더 좋은 학교로, 지역사회는 더 교육 여건이 좋은 곳으로 될 것이다. 지난 6월 27일 제천시·제원군 초·중·고 23개교의 교장, 어머니회장, 담당 교사 등 150여 명이 참석한 가운데 농협 중앙회 제원군 지부 회의실에서 세미나를 개최하고 뒤이어 추진회가 발족되었다. 이 세미나에서 한국지역사회교육후원회 부회장이신 김종서 박사께서 "지역사회학교운동과 좋은 학교 만들기"란 주제 강연을 통하여 지역사회학교운동의 개념, 필요성을 역설하시어 회원들에게 많은 감동을 주셨으며, 주성민 총무께서 "지역사회학교운동은 왜 필요한가?"란 주제를 중심으로 회원들을 분임토의 방식으로 운영하여 흥미진진하게 지역사회학교운동의 필요성과 과업, 저해 요인들을 도출하여 발표하게 하였고, 회원들은 이러한 활동을 통하여 많은 것을 시사받은 바 있다.

지금까지 많은 교장들이 지역사회학교운동이 과거의 향토학교운동이나 새마을운동과 유사한 개념으로 알고 있을 정도였으나, 오늘의 세미나를 통하여 그 개념이 보다 분명해졌으며 활동의 방향이 뚜렷해진 것 같다. 세미나가 끝난 후 교장들만이 한자리에 모여 충북 제천시·제원군 지역사회학교운동 추진회를 결성하였다. 이 자리에서 나는 달갑지 않게 추진회장을 맡게 되었다. 극구 사양하였으나 참석한 회원들의 권유에 못 이겨 수락을 하게 되었다. 지역사회학교운동의 개념도 변변히 모르는 사람이 책임을 맡게되어 한편으로는 두렵고 걱정도 되었으나 배우면서 추진하기로 마음을 먹으니 한결 마음이 가벼웠다.

앞으로 제천·제원 지역사회학교운동 추진회에서는 처음 과제로 관내 많은 학교를 회원교로 확산하는 일에서 오늘날 학교가 안고 있는 많은 문제들을 지역사회학교운동을 통하여 해결하려는 노력을 할 것이다. 우선 학교의 형식적인 개방이 아닌 실질적인 개방을 통하여 학교를 지역 주민들의 평생 교육의 장으로 제공하고 지역사회의 문제점을 찾아내어 공동으로 해결하려는 노력을 할 것이며, 지역사회에서 교육에 이해가 깊고 지역사회학교운동에 뜻을 같이할 인사를 찾아내어 동참할 수 있는 여건을 조성하고자 한다. 우리 속담에 "첫술에 배부를 수 없다"는 말처럼 처음부터 큰 것을 바라지 않고 작은 일부터 착실히 실행해 나가려 한다.

4.
괴산군 지역사회교육 추진위원회를 조직,
시군 조직에 박차를 가하다

괴산군은 1991년 5월 27일 세미나를 개최한 후 괴산군 추진위원회를 조직하였습니다. 회장에 윤갑병(청천초교장), 부회장은 이상두(증평중 교장), 감사는 김정환(광진국 교장)이 선출되었습니다.

충주시·중원군, 제천시·제원군 지역사회교육 추진위원회에 이어 세 번째로 추진위원회가 결성되었습니다.

제9장

평생교육 추진할 활동 조직을
결성하고 활동을 전개하다

1.
초중등 지역사회학교 운영회장(어머니회장),
지역사회교육 봉사회 결성, 사업을 추진하다

■ 충북지역사회교육 봉사회 결성

지역사회학교 운영회에서 임원을 지냈던 분들이 지역사회교육운동과 지속적으로 인연을 맺고자 조직된 지역사회교육봉사회, 지난 4월 10일 12명의 회원으로 출발하여 현재 20명이 참여하고 있다.

우선 회원들의 유대강화를 위해 회원 전원 7주간의 교육과정인 부모예절교실에 참여하여 한복을 곱게 차려입고 예절 바른 부모로서 자녀의 모범이 되고자 열의를 보이기도 하였다. 뿐만 아니라 주 1회 무공해 비누를 만들어 폐건전지와 우유팩과 교환하여 주는 환경사업에도 적극 나서고 있다.

본 협의회 뒤에서 항상 힘이 되어주는 지역사회교육봉사회, 숨은 공로자들, 지역사회교육 봉사회원들은 지역사회학교 운영회 임원 활동 경험을 가진 여성지도자로서 지역사회교육운동에 지속적으로 참여하여 개인의 성장은 물론 지역사회 발전을 위한 지도적 역할을 도모해 나갈 것이다.

지역사회교육 봉사회 회원

회원명 : 백승남(고문), 김성순(회장), 박성일(부회장), 김순구(총무), 황선하(감사), 김용선, 김효순, 박회순, 이은자, 이진순, 정태순, 송월호, 최병남, 허영심, 임경애, 조남례, 유은희, 이영희, 이상남, 정경혜

■ 이웃 사랑을 실천하고 있는 봉사회

박성일 (충북지역사회교육봉사회 회장)

충북지역사회교육 봉사회가 결성된지 2년 6개월

지역사회학교 운영회 임원직을 맡아 일을 했던 분들 20여명이 참여하고 있는
봉사회.

처음에는 자기주장과 개성이 뚜렷하여 어떤일을 하나 추진하는데 많은
시간이 필요했었다. 하지만 '92년도에 초대회장을 맡았던 김성순회장님이
발판을 다지고, '93년 조남례회장님의 땀과 인내, 그리고 능력있는 모든 회
원들의 헌신적인 봉사정신이 있었기에 이제는 내가 아닌 우리가 되어 봉사
의 참의미를 깨달아 가고 있다.

'94년 4월 정기총회에서 나에게 봉사회 회장의 자리가 주어졌다. 두 분
의 직전 회장과 회원들은 열심히 하겠다며 용기를 주었지만, 무슨 일을 어
떻게 추진해야 할 것인지 두려움과 설레임으로 고민이 되었다. 그날 저녁 집
에 돌아와 전년도 결산보고서를 보면서 '94년도 사업과 예산안을 작성하며
새벽녘까지 잠 못 이루는 내게 열심히 해보라며 도움이 필요하면 말하라는
남편의 격려에 더 큰 용기가 생겼다.

순남이네 5남매와 기념촬영 - 박성일 회장(뒷줄 오른쪽)

5월 월례회날 충북 보은군에 어린동생 4명을 부양해야 하는 13세 소녀 가장이 있다는 어느 회원의 말을 듣고 이구동성으로 그 소녀를 찾자고 의견을 모았다. 즉시 보은군청 사회복지과에 전화하여 순남이네 거주지를 확인하였다.

봉사회원들이 순남이 오남매를 처음 만난 날은 6월 2일 청주에서 백리길 충북 보은군 내북면 아곡리 내 북국민학교 아곡분교 교무실이었다. 순남이 담인 신은초 선생님께서 순남이 오남매에 대해 자세히 설명해주었다.

첫째 순남이(여·13세), 둘째 관용이(남·10세), 셋째 순실이(여·8세), 넷째 영섭이(남.6세), 다섯째 순이(여•4세) 부모님의 보호가 절대 필요한 어린아이들이 하루 아침에 부모를 잃어 모두 고아가 된것이다. 혈육이라고는 고모가 한분 계시지만 연세도 많고 생활보호를 받고 있는 어려운 형편이었다. 한달이면 10일정도는 출석을 하던 순남이가 계속 결석을 하자 가정방문을 하게된 담임선생님이 아이들의 생활을 보게된 것이다.

아이들 집에서 학교까지 산골길 20리, 학교를 다니기가 어렵다고 생각한 선생님은 학교옆 자그마한 예배당 목사님께 말씀드려 목사님께서 교회 창고로 쓰던 작은 공간을 아이들이 생활할 수 있도록 방으로 만들어 주셨고 생활질서를 전혀 모르는 아이들을 목사님과 사모님 그리고 선생님께서 많은 관심과 노력으로 지도를 하고 계셨다.

우리 회원들은 순남이의 형편을 직접 보고 난후 지속적으로 돕자는 생각을 같이했다. 20여명 회원이 두개조로 한달에 두번씩 대청소와 빨래를 하고 목욕을 시켜주고 먹을 것을 만들어 아이들과 함께 먹으면서 보람을 느껴가고 있다. 뿐만 아니라 세탁기를 장만해주고 이웃의 헌냉장고를 깨끗이 닦아 갖다준 회원도 있다.

그리고 어느회원은 국민학교 운영회장직을 맡았던 학교의 교장선생님께 어려운 처지를 말씀드려 옷걱정은 덜었고, 아이들이 필요한 생활필수품들은 회비에서도 부담하지만 회원들 각작 이웃에 홍보하여 많은 찬조를 받아온다. 정육점에서는 고기를, 제과점에서는 빵을, 양품점에서는 재고가 된 옷을, 회원들이 단골로 다니는 슈퍼마켙에서는 비누 치약 화장지, 이웃 약국에서는 모기향이며 소화제 이러한 많은 물건들을 주시면서 고마워하는 우리에게 오히려 수고한다는 따뜻한 말씀을 하실때면 세상인심이 각박하다

느니 무서운 세상이라느니 하는 말은 남의 나라 이야기 같이 들리곤 한다.

또한 남편들 아이들까지도 우리가 하는 일에 관심 갖고 많은 협조들을 아끼지 않으니 얼마나 감사한지 모른다. 지난 여름방학때의 일이다. 그 무더웠던 여름 더위도 잊은듯 회원들은 각자 먹을것을 준비하여 아이들을 청주로 데리고 나와 도시구경도 시켜주고 박물관에 가서 역사공부도 도와주고 놀이동산에도 데려가 내자식처럼 따뜻한 어미노릇을 하였다. 하루가 저물어가자 아쉬워하는 아이들의 표정을 읽은 회원 한분은 아이들을 집으로 데려가 이틀동안 아이들을 재우고 씻기고, 자연농원에 데리고 가서 계획없이 많은 아이를 낳은 어미로 오해를 받아가며 진정한 사랑을 베풀어 주었다.

그러나 아직 아무것도 모르는 이들 오남매에게는 많은 어려움이 앞에 놓여 있기에 회원들의 마음이 한편으로는 무겁기도 하다. 이제 아이들의 밖에서 생활이 줄어들고 따뜻한 방에서 보내야할 겨울이 돌아오기에 월동준비가 우리 회원들의 시급한 숙제이다. 하지만 지금까지 열성적으로 잘해온 우리 회원님들의 마음이라면 아무리 무서운 동장군도 피해 갈 것이라고 믿는다.

앞으로 충북협의회 봉사회는 순남이네 오남매와의 만남을 출발로 하여 아이들이 성장하여 발전하는것 같이 봉사회도 진정한 봉사정신을 더욱더 새겨가며 역사가 있는 봉사단체로 변모해 나갈 것을 믿어 의심치 않는다. 끝으로 우리 회원들에게 언제나 많은 관심을 갖고 격려를 해주시는 충북협의회, 중앙협의회 모든 분들께 깊은 감사를 드립니다.

■ 지역사회교육 봉사회, '좋은 환경가꾸기' 실천

10월 8일, 봉사회원 11명이 참석한 가운데 10월 월례회가 협의회 회의실에서 열렸다. 이날은 '무공해 비누 만들기' 실습이 진행되었으며, 전 회원의 결의에 따라 폐건전지·우유팩과의 교환 프로그램을 운영하기로 하였다.

주 1회 비누를 만들어 환경보호와 자원 재활용에 앞장서는 등, 지역사회에 모범이 되는 활동을 전개할 계획이다.

2.
지역사회학교 퇴임 교장 중심으로 평생교우회를 결성, 평생교육 활동을 전개하다

■ 평생교우회 결성 및 유대 강화

현직에 계시는 동안 주민과 학교가 상호협력하여 지역주민, 가정, 학교의 성장발전, 더 나아가 지역사회의 성장발전을 위해 지역사회학교 운영에 애쓰시다가 정년퇴임하신 교장선생님들의 모임인 평생교우회.

92년 5월 25일 발족하여 현재 18명의 회원이 참여하고 있다. 회원들은 본 협의회와의 유대관계를 갖으며 회원간의 친목도모와 노후를 유익하게 보내고자 격월 모임을 갖고 있다. 또한 지난 여름에는 몇분의 회원께서 본협의회 주최로 마련된 청소년 한자교실의 강사로 활동해 주어 청소년 한자교육은 물론 예절지도에도 큰 힘이 되었다.

평생교우회원들은 학교가 지역민의 평생교육의 장이 되어야 된다는 신념을 갖고 사회교육에 앞장섰던 교육계·지도자들로서 지역사회학교에서 활동하신 경험을 살려 충북지역사회교육 발전에 더 큰 힘을 발휘하고자 한다.

■ 지역사회교육을 위한 봉사활동

평생교우회는 지역사회교육협의회와의 유대를 강화하면서 지역사회 교육운동에 지속적으로 참여하여 평생교육에 이바지하고 회원간의 친목도모와 유익한 노후생활을 도모하는데 목적을 두고 있다. 현재 23명의 지역사회학교 퇴임 교장이 참여하고 있다.

그간의 본 평생교우회 활동을 살펴보면, 회원들이 각 시·군에 거주하고 있으므로 회원들간의 친목도모가 우선되어야 한다고 생각하고 격월에 한번씩 만남의 자리를 마련하고 있다. 격월 모임은 회원들이 거주하는 시, 군에서 돌아가며 모임을 갖고 그 지방의 명소를 둘러본다.

또한 건실한 청소년의 성장 지도에 역점을 두고, 방학에는 국민학생들의 한자 지도를 맡고 있다. 교과목 수업에 치중하다 보면 학생들이 필수적으로 익혀야 할 기본 한자지도에 소홀해지기 쉬우므로 방학동안을 이용하여 국민학교 고학년들이 필수적으로 익혀야 될 한자를 지도해주고 있다. 아울러 수업태도가 좋지 않은 학생, 예의범절이 부족한 학생의 지도도 빼놓을 수가 없다.

뿐만 아니라 시간이 허락되는 회원은 충북의 역사 유적지를 부모와 자녀가 함께 탐방하여 선조들에 대한 존경심을 고조시키고, 부모와 자녀의 바람직한 관계형성을 도모하는 '가족역사탐방교실' 안내도 맡고 있다.

평생교우회가 발족된지 1년 10개월. 그간 한 일이 미약하지만 다져놓은 기반위에 지역사회를 위한 봉사활동을 전개해 나가고자 한다.

첫째, 회원들이 속해 있는 시, 군의 지역사회교육운동이 활성화 될 수 있도록 힘쓰는 일 .- 재직 교장에게 지역사회교육운동 권유 등.

둘째, 지역사회청소년들이 건실하게 성장할 수 있도록 지도하는일-한자지도, 예절지도, 정서지도 등.

셋째, 회원들간의 친목도모 및 유익한 노후생활을 도모 하는일. -건강, 교양강좌, 격월 모임, 야유회 등

3.
평생교육사를 꿈꾸는 대학생 실천 동아리
'서원 젊은 새이웃' 결성

■ 서원 젊은 새이웃 '여름 매미학교, 겨울 흰눈학교 운영

서원 젊은 새이웃은 서원대학교 교육학과 학생들로 구성되어 있다. 평생
교육사 취득을 위해 평생교육사 자격 과정을 공부하는 학생들입니다. 당시
평생교육사 명칭이 사회교육전문요원이었으나 독자들이 이해하기 편하도록
평생교사로 명칭을 사용함을 밝혀 둡니다.

제가 서원대학교(전 청주사범대학) 교육학과를 졸업하였기 때문에 모교
에서 평생교육을 공부하는 후배들을 중심으로 젊은 새이웃을 결성하였습
니다. 당시 연세대에서 교육사회학 전공한 허 작 교육학과 교수님이 평생교
육사 자격 과정을 담당하였기 때문에 지도 교수 역할을 해주었습니다.

1980년대 후반에는 평생교육학 전공이 없었고 교육사회학 전공에서 평생교육학문을 다루었습니다.

　서원 젊은 새이웃 학생들은 한국지역사회교육 충북협의회에서 평생교육 실습을 하였으며, 자연스럽게 젊은 새이웃을 활동을 하였습니다. 저 또한 1990년대부터 평생교육 실습 지도를 시작하게 된 것이라고 할 수 있겠지요.

　젊은 새이웃은 전국 조직이었으며, 전국 대학교에 조직된 젊은 새이웃 연수도 개최할 정도로 활발하게 활동하고 있었습니다. 충북의 서원 젊은 새이웃은 군 단위 초등학교 학생들이 방학 중에 다양한 교육 체험활동을 할 수 있는 프로그램을 기획하여 운영하는 활동을 전개하였습니다.

　지역사회학교 가입된 평생교육 초등학교에 가서 여름방학에는 매미학교, 겨울에는 흰눈학교를 운영해주었는데 인기가 날로 높아져 갔습니다.

■ 충북 서원젊은새이웃 조직

1991년 10월 2일 오후 6시, 본 협의회 회의실에서 서원 젊은 새이웃이 조직되었습니다. 서원대 교육학과 학생 6명이 참석한 이날, 김근세 협의회장의 지역사회교육운동 소개가 있은 후 김영옥 간사가 지역사회학교의 탄생을 다룬 〈To Touch A Child〉를 상영하여 본 운동에 대한 이해를 도왔다. 이어 젊은새이웃의 자세와 방향에 대해 중앙협의회 이흔정 간사가 자세히 설명해주며 서원 젊은새이웃의 방향을 제시해주었다. 6명의 회원으로 출발한 서원 젊은새이웃은 교내에 본 운동을 홍보하며 회원 모집에 많은 노력을 기울이기로 약속하였습니다.

■ 서원 젊은새이웃 연수
― 신입회원에게 자세 확립과 일감 찾는 시간

1992년 4월 2일 오후, 본 협의회 회의실에서 회원 18명이 참석한 가운데 서원 젊은새이웃 연수가 열렸다. 이번 연수는 주로 신입회원들을 대상으로 지역사회교육운동에 대한 이해를 돕고, 그 안에서 젊은새이웃으로서의 자세와 역할, 그리고 자신이 맡을 수 있는 일감을 찾아보는 시간을 마련하였다. 회원들은 방학 중에 열릴 '매미학교'와 '흰눈학교'의 지도자가 되기 위한 프로그램에 참여하길 희망하였으며, 이를 위해 종이접기교실 등 지도자 교육 프로그램도 마련할 계획이다. 또한 청소년들에게 건전한 비디오 문화를 보급하기 위해 주말마다 운영되는 청소년 비디오 극장에서 지도자로 활동할 계획도 있어, 많은 기대를 모으고 있다.

■ 서원 젊은새이웃 1주년 기념식 및 농촌봉사활동

1992년 10월 2일, 회원 19명이 참석한 가운데 서원 젊은새이웃 1주년 기념행사가 열렸다. 6명의 회원으로 출발한 이 모임은 현재 전 회원이 협의회 주요 행사에 자원봉사자로 활발히 참여하고 있으며, 흰눈학교·매미학교·가족역사탐방·회원워크숍 등 다양한 활동을 펼쳐왔다.

또한, 10월 17일에는 회원 6명이 음성 쌍봉지역사회학교 부락에서 농촌봉사활동을 전개하며 지역사회와의 연대를 실천하였다.

■ 충북 서원젊은새이웃 2주년 기념식

1993년 10월 5일 충북협의회 회의실에서 서원 젊은새이웃 임원과 회원들이 참석한 가운데 임원교육과 2주년 기념행사를 가졌다. 특히 이날은 중앙협의회 안홍찬 부장이 참석하여 젊은새이웃의 애로사항을 찾아보고 해결방안을 함께 모색해 보았으며 젊은새이웃 지도자로서의 자세와 역할을 다지는 시간을 가졌다. 이어 진행된 2주년 기념식에는 앞으로의 보다 큰 발전을 위한 노력을 다짐하였다.

■ 충북 서원 젊은 새이웃. 1992년부터 초등학생을 대상으로 겨울 흰눈학교, 여름 매미학교를 운영하다

1) 청원 강외국교 흰눈학교

어린이에게 폭넓은 경험을 주기 위해 흰눈학교의 지도자로 나선 대학생들

때 : 1992. 1. 20.~1. 26.

곳 : 청원 강외국교

참가자 : 강외국 4−5학년 40명

지도 : 서원 젊은 새이웃 10명

출처: 새이웃 통권   호(1992년   월호)

1월 20일부터 26일까지 1주일간 충북 청원군 강외 국교 4· 5학년 40명을 대상으로 서원 젊은 새 이웃의 흰눈 학교 운영이 있었다.

전인적인 성장발육을 위해 학교교육에서 소홀히 다뤄지고 있는 예능지도와 정서·생활지도에 역점을 두었다. 특히 야외학습인 박물관 견학과 추적

놀이는 학생들의 많은 관심을 불러 일으켰다. 그리고 마지막 날에는 수료를 못내 아쉬워하며 여름방학에도 열어줄 것을 요청하기도 하였다.

91년 10월 6명의 회원으로 조직되어 지난 2개월간 홍보활동을 통해 20여명의 회원을 확보하면서 그 기반을 다져나간 서원 젊은 새 이웃은 92년을 맞아 자체적인 프로그램으로서 이번 흰눈 학교를 운영하게 된 것이다. 참가한 10명의 회원들은 처음에는 가르치는 것이 부담스러웠지만 하루하루 지날수록 어린이들과 친숙해지고 자신감이 생기게 되었다며 대학 생활에 값진 경험이었다고 입을 모았다(김영옥 간사).

2) 청원 각리국교 매미학교

때 : 1992. 8. 2.~7.

곳 : 청원 각리국교

참가자 : 각리국 4–5학년 90명

지도 : 서원 젊은 새이웃 13명

출처: 충북새이웃 12호(1992년 11월호)

① 박상희 (서원 젊은 새이웃 / 서원대학교 교육학과 2학년)

이른 아침, 아이들을 보리라는 막연한 설레임을 안고 각리로 가는 버스에 몸을 실었다. 뒤로 역행하는 가로수들의 정경들도, 코 끝에 간지럽히는 시골 향내음도 모두 새롭기만 하다. 버스는 금새 우리의 일행을 내려놓고 횡하니 떠나버렸다. 확트인 푸른 들과 푸른 산을 뒤로한채, 그 안에 아담하게 자리잡은 각리국교가 보였다. 학년당 한 학급만 있는 작은 분교였다.

교문에 들어서자 마자 일찍온 아이들의 웃음 소리가 운동장을 가득 메웠다. 협의회 희장님의 소개로 입소를 마치고, 나에게 배정된 4-1반 교실로 들어갔다. 아이들의 수줍어하는 얼굴 표정과 서먹서먹한 분위기가 잠시 맴돌았지만, 가르치고 배우는 딱딱한 종렬관계가 아닌 서로의 마음을 열 수 있는 친구가 되었다. 매미학교를 위해 준비해온 프로그램을 시간에 맞추어 실행해 갔다. 프로그램은 기존의 학교에서 배우는 틀에 짜여진 정규교과서에 의해 수업하는 것이 아니라, 평상시에 체험하기 어려운 새로운 경험을 부여 하고, 아이들에게 산 지식을 넣어주도록 짜여졌다.

첫 만남이 시작된후, 아이들과의 사랑의 선은 점점 굵게 그어지고 함께 하는 시간은 너무나 짧게 지나갔다.

교실 공간을 가득 메우는 파랑새들의 맑은 노랫소리, 작열하는 태양도 아랑곳하지 않고 땀을 뻘뻘 흘리며 뛰어다니는 모습, 영어노래를 부를 줄 안다며 좋아하던 개구쟁이들. 마지막 수업하는 날, 마음이 무척 어수선했다. 교문을 나서는 순간 서운함을 억제하지 못해 몇 번이고 뒤를 돌아봐야 했고, 참다 못해 울음을 터트린 아이를 두고 나오는 발걸음은 무거웠다.

찌는듯한 무더위속 에서도 프로그램을 준비 하느라 애쓴 젊은 새이웃 회원들과 협의회 분들게 감사드린다. 이번 매미학교를 통해 내 안에 작은 느

껌표를 만들 수 있었던 의미있는 시간들이었다.

② 즐거웠던 매미학교 (김지은 / 청원 각리초교 4학년)

매미학교는 참 재미있었습니다. 그리고 마지막 날이 참 서운했습니다.

우리는 맨 처음 종이접기와 학급별로 벽신문을 만들었습니다.

종이접기는 김소영 선생님께서 지도해 주셨는데 우리는 상자, 매미, 모자, 동물 얼굴을 정성들여 만들었습니다. 종이 접기 시간이 짧아서 많이 아쉬웠습니다. 그리고, 내가 제일 좋아했던 것은 라보교실입니다. 재미있는 춤과 무용을 배우고, 친구들과 사이좋게 지냈기 때문입니다.

추적놀이도 재미있었습니다. 매미학교의 좋은점은 우리들의 나쁜 점을 고쳐주고, 우리들의 고민을 잘 들어주고, 친구들과 가까와 질 수 있던 점입니다. 그리고, 부족한 점은 더 배우고 싶었는데 시간이 너무 짧았던 점입니다. 이번 겨울방학에도 선생님과 친구들과 함께 공부할 수 있었으면 좋겠습니다.

■ 서원 젊은 새이웃 활동 보람

1) 김효상 (서원 젊은 새이웃 회장)

1991년 10월에 창설한 서원점 '새이웃'은 회원들의 깊은 참여 속에 어느 덧 세 돌을 맞이하였습니다. 1993년은 1991년, 1992년 선배님들께서 다져놓은 기반 위에 지도 교수인 허작 교수님과 회원들의 노력으로 인해 학교에서 정식 동아리(쩌글)로 활동하는 첫해이기도 하였습니다.

회원들의 바람처럼 동아리방이 생기면서 모든 행사가 그곳에서 이루어졌습니다. 우리 회원들은 8월에 진행된 "매미학교"라는 큰 행사를 앞두고 회원들의 지도력을 양성하기 위해 5월 15일부터 19일까지 협의회 회의실에서 '라보', '레크리에이션' 등의 프로그램을 준비하였습니다. 8월의 매미학교에서는 학교 교육에서 소홀히 되기 쉬운 예능, 정신, 환경에 대한 생활지도 등 인성 개발에 주안점을 두었으며, 재활용품을 이용한 만들기 교실, 종이 접기, 편지쓰기, 비디오 교실, 라보 교실, 추적 놀이, 박물관 견학 등을 실시하였습니다.

9월 14일에는 늦었지만 회원으로서의 소속감과 적극적인 활동을 다짐하는 현관식을 진행하였습니다. 어렵게 창설한 선배님들 덕분에 열심히 활동하며 든든한 동아리로 자리 잡은 후배들과 따뜻한 격려를 아끼지 않으셨던 협의회장님, 간사님, 그리고 교수님과 한자리에 모여 따뜻한 온정을 나누는 뜻깊은 시간이었습니다.

10월 2일에는 '젊은 새이웃' 창립 2주년 행사와 임원 교육이 실시되었습니다. 우리는 '젊은 새이웃'이라는 자부심을 더욱 갖게 되었으며, 새이웃의 정확한 취지를 자세히 알게 되는 뜻깊은 시간이었습니다.

한 해 동안 우리들은 많은 것을 느꼈습니다. 농촌으로 봉사 활동을 나가면서 그분들의 어려움을 조금이나마 몸소 체험하였고, 시내에서 다소 멀리 있는 국민학교 학생들에게 자주 접할 수 없는 예능·교양 교육을 지도해 주면서 지역사회학교 운동이 얼마나 중요한지를 깨닫게 되었습니다. 또한, 지역사회 운동의 자원봉사자로서 '젊은 새이웃'의 책임이 얼마나 중요한지를 실감하였고, 그러한 책임을 완수하기 위해 우리 자체의 계발이 절실히 필요함을 느꼈습니다.

출처: 충북새이웃 14호(1994년 봄호)

4.
새이웃 문예교실 수료자를 중심으로 문학회 결성,
시낭송 대회 및 수필가로 등단

■ 제2기 문예교실 – 수필작법에 대해 배워

새이웃 문예교실이 11월 6일부터 27일까지 4주간 청주시 어머니 18명이 참석한 가운데 본 협의회 회의실에서 정태원 강사의 지도 아래 열렸습니다. 매주 수요일마다 2시간씩 총 8시간의 과정으로, 현존 작가의 수필을 중심으로 수필 작법을 배우는 시간이었습니다. 이 중 14명이 수료증을 받았으며, 이들은 '제2기 새이웃문학회'(회장: 송정)를 조직하여 월례 모임을 통해 자기계발은 물론 청주시 여성문화 발전에도 일익을 담당하고 있습니다.

■ 문학강좌 – 김소엽 시인 초청 '문학과 인생'
– '새이웃 문학회'로 새로운 출발

본협의회는 91년 7월 처음으로 청주의 어머니들을 대상으로 문예교실을 열어 현재 3기까지 수료하였습니다.

처음에는 기별로 문학회를 조직하여 활동하였으나 지난 여름 3기 문예교실을 마친 후 마련된 문학강좌에 모인 1기, 2기, 3기 문학회원들의 발의로 기별 모임을 통합하여 '새이웃 문학회'라는 명칭으로 다시 출범하였습니다.

문학회에서는 문학인들의 문학세계를 접해보는 문학강좌를 자주 마련하여 회원들의 정서 함양과 문학 발전에 많은 노력을 기울이고 있습니다.

또한 11월 28일에는 문학회 주최로 청소년과 어머니가 함께하는 '새이웃 시 낭송대회'를 열어 청소년들의 정서를 순화시키고 평화로운 가정을 만드는데 기여하였습니다.

■ 새이웃 문학회원 충북여성백일장 입상

1992년 5월 23일 개최한 여성 백일장에서 제4기 문예교실에 참가하고 있는 문학회원 2명이 입상을 하였습니다. 백일장 입상이 새이웃 문학회로 성장하는 기반이 되었습니다.

■ 지역사회 문학 발전에 일익을 담당하는 문학회로
성장하기 위해 – 백수진 새이웃 문학회장

출처: 충북새이웃 14호(1994년 봄호)

본 협의회에는 지난 날의 삶의 그리움, 아름다움, 서글픔 같은 것을 글로 표현하고자 애쓰는 모임이 있습니다.

　새이웃 문학회 ! 책을 좋아하고 글에 관심있는 체계적으로 글쓰는 법을 배울 수 있는 기회를 마련해 주고자 '91년 여름에 처음으로 문예교실을 열게 되었습니다. 원고지 사용법, 문장구조 기초부터 수필의 발상, 형식, 특징 등 수필 창작이론과 실제를 다루었습니다. 주부들의 열기는 대단하여 수업이 끝난후에도 지속적으로 공부할 수 있는 모임인 문학회까지 조직하게 되었습니다.

　어느 작가가 글을 쓴다는 것을 "피가 마르는작업"이라고 말했듯이 자신과의 싸움끝에 중간에 포기하는 분이 있는가 하면 포기했다가 미련을 버리지 못하고 다시 참여하는 분도 있었습니다.

　문예교실 2기, 3기를 마치고 한때 다소 흔들리는 어려움도 겪었지만 문학의 대가를 모시고 문학회가 주축이 되어 문학강좌를 마련하고, 92년 겨울에는 학생과 어머니가 함께 참여하는 새이웃 시낭송 대회를 열어 각박한 세상속에서 아름답고 순수한 시를 낭송하여 마음을 순화시키고 정서 함양에 도움을 주기도 하였습니다. 더우기 93년은 문학회가 활성화의 전기를 마련한 해이기도 합니다.

　대학강의, 연구에 여념이 없으면서도 충북의 수필 문학 발전에 애쓰시는 분, 바로 김홍은 교수님과의 만남이 있었기 때문입니다. 김교수님은 시들해 있던 문학회원들에게 신바람을 넣어 주고 문학인의 자세, 수필작법을 체계적으로 지도해 주었습니다. 한번 맺은 인연에 교수님은 매주 목요일이면 아침부터 협의회로 나와 회원 한분 한분의 작품을 바로 잡아주고 시간이 모자라 다 봐주지 못하면 연구실 에서까지 봐주는 열정을 쏟고 있습니다. 또한 원고료를 받는 날이면 회원들과 밥 한그릇 함께 하는 정이 넘치는 분이기도 합니다.

이렇게 한주도 거르지 않고 매주 목요일마다 문예교실을 이끌어 나가던 중 지난 12월에는 같이 머리를 맞대고 공부하던 임순이 회원이 65세의 나이로 등단을 하는 기쁨을 안겨 주기도 하였습니다. 또한 94년 1월에도 연이어 김광언 회원, 이양선 회원이 등단을 하여 문학회에 활력을 불어 넣어 주었습니다. 지금도 매주 목요일이면 20명 남짓한 회원들이 김교수님을 모시고 서로 쏟아놓은 삶의 애환을 함께 보듬어 안으며 수필 작법을 익히기에 열중입니다. 앞으로 회원 모두가 문학 소녀의 꿈을 실현해 나갈 수 있으리라 믿으며, 문학에 뜻을 두고 있는 주부들이 보다 많이 참여할 수 있도록 알차게 운영하고자 합니다.

〈등단을 축하드립니다.〉

임순이
문예한국 '93년 겨울호'내가슴에 피는 꽃' 신인상 수상
김광언
한국수필 '93년 겨울호 '난을 키우며' '내가 만든 도자기' 신인상 수상

이양선

수필과 비평 '94년' 마흔 살에 받는 선물' 신인상 수상

■ 문학의 밤을 마치고

이양선 (새이웃 문학회회장)

책을 좋아하고 가슴 속에 묻어 둔 이야기가 많은 책주부들이 모였다.

설것이 하고 빨래하던 손 멈추고 자투리 시간 모아 틈틈이 쓴 글을 이 가을 밤에 발표하기로 했다.

그 자리에 남편들도 함께 했고, 아들 딸들도 평소에 익힌 솜씨로 엄마의 일을 축하해 주었다.

특히 청주대 국악과 이경희교수님께서 선뜻 찬조출연에 응해 주셔서 우리 문학회 가족 모두에게 숙연한 시간을 갖게 해 주고, 아이들에게 새로운 것을 접할 수 있게 해 줌으로써 우리 음악에 한 걸음 더 가까이 다가서게 해 주었다.

금방 친구가 되어 함께 즐거워하는 아이들을 보며 이러한 만남의 장을 열기를 참 잘했다고 생각했다.

회원들 각자가 자신있는 음식 한 가지씩 준비해옴으로써 훌륭한 부페상을 차릴 수 있었다.

지역사회교육협의회내의 다른 소그룹(봉사회, 좋은 가정 만들기)에서 꽃바구니를 보내 주시고, 특히 멀리 음성의 삼성 '좋은 가정 만들기' 모임에서 바구니 가득 가을을 담아 보내 주셨다. 또한 노래교실 박인자님의 축가로 분위기가 훨씬 무르익었다.

　　이러한 이웃의 정(情)속에서 우리의 영혼이 보다 성숙해지고 따뜻해 질 수 있으리라.

　　우리 문학회를 통해 등단하신 임순이 수필가 께서는 아버님의 제사 준비에 바쁘신 중에도 잠시 자리를 함께 해 주셨다.

　　그 동안 갈고 닦은 자신의 글을 한편씩 낭독하는 시간에는 모두의 얼굴이 보람속에 피어났다.

　　곱게 단장하고 한복으로 치장한 회원들의 모습을 보며 평소에 느끼지 못했던 또 다른 일면을 보았다.

　　그렇다. 우리의 모습 안에는 우리가 및 알지 못하는 또 다른 내가 수없이 많이 자리하고 있으리라.

　　그 곱고 좋은 모습을 찾아 내는 데 게을리 해서는 안 되겠지.

　　늘 열성으로 우리 문예교실 회원들을 지도해 주시는 김홍은 교수님께 다함 없는 감사를 올린다.

　　지역사회교육 충북협의회 김근세회장님 김영옥간사님, 오남숙님, 모두의 도움과 격려가 없었더라면 이토록 보람 느끼는 가을 밤을 보내기 어려웠을 것이다.

　　늘 주변에 감사드리며 주어진 생활에 열심히 일하리라고 다짐한다.

일상의 뿌리가 건강하고, 생활이 바탕이 튼튼해야 우리의 사고가 살 찔 수 있고, 그 속에서만이 좋은 글이 나올수 있으리라고 믿는 까닭에…

노랗게 물든 은행나무와 붉게 물든 단풍나무가 나란히 서서 제각기 자신의 모습을 자랑하고 옆에서있는 친구를 칭찬 해주는 참으로 아름다운 계절이다.

오늘도 이 대자연에 어울리는 삶을 가꾸기 위해 다시 한번 자신을 돌아본다.

제10장
—
회원의 증가로 지역사회교육운동 지속화 기반 마련

지역사회교육 충북협의회는 1985년 3월 발족 당시부터 1990년대 초반까지는 대부분의 회원이 교장, 교감, 장학사 중심이었습니다. 그러나 1991년 사무실이 마련되고 점점 사무실 규모가 커지면서 센터 프로그램도 활성화 됩니다. 그러면서 센터 프로그램 참가자들이 회원으로 가입하게 됩니다.

　　센터 프로그램인 새이웃 문예교실 회원을 중심으로 새이웃 문학회가 결성되면서 문학하는 회원들이 늘어나게 됩니다.

　　지역사회학교 즉 평생교육학교을 운영했던 어머니 회장들의 모임으로 지역사회교육봉사회가 발족하게 되면서 회원이 됩니다. 그리고 지역사회학교에서 은퇴한 교장선생님들의 평생교우회도 결성되면서 자연스럽게 회원이 지속됩니다. 부모교육 프로그램 참가자들로 결성된 좋은 가정만들기 모임도 회원으로 활동하게 됩니다.

　　서예교실, 한문교실 등 지역사회교육협의회 센터에서 평생교육에 참여하는 시민들이 회원으로 가입되면서 다양한 영역의 지도자가 탄생하게 됩니다. 훗날 이렇게 탄생된 지도자들이 지역사회교육운동을 지속하게 되는 힘이 되고 있습니다.

　　또한 평생교육의 실천체인 지역사회학교를 단체회원으로 가입하도록 하여 그 학교 특성과 주민 요구에 맞는 평생교육을 추진할 수 있도록 지원합니다.

　　회원의 수는 매년 증가하는 것을 알 수 있습니다.

회원이 되려면

① 개·인·회·원이 되려면

- 본 지역사회교육운동에 찬동하는 자로 누구든지 회원이 될 수 있습니다.

- 회비는 년 2만원씩입니다.

- 혜택 : 중앙 및 본 협의회 회지 및 각종 자료를 받아볼 수 있으며 협의회 각종 행사에 참여할 수 있는 권리가 주어집니다.

② 단·체·회·원이 되려면

- 기관 단위 회원으로 주로 지역사회학교를 말합니다.(즉, 주로 학교 어머니회, 주부대학, 시·구 등 단위 어머니회, 노인회 등도 가입 가능합니다.)

- 회비는 년 회비 2만원씩(단, 가입하는 첫해는 등록비로 2만5천원을 별도로 내어야 합니다. 등록비 2만5천원은 지역사회학교 현판을 제작하여 수여하는 데 쓰여집니다.)
- 혜택 : 중앙 및 충북협의회 자료를 받아볼 수 있으며 직접적인 방문지도를 받을 수 있 습니다. 또한 협의회 각종 행사에 참여할 수 있는 권리가 있습니다.

1.
초중등 교장 중심으로 한
개인회원이 늘어나다

1985년 지역사회교육운동 세미나 개최 후 조직될 때 세미나에 참석했던 70명의 교장선생님이 개인회원으로 가입하였습니다. 1988년 9월의 회원 명단을 제시합니다. 학교를 개방하여 평생교육을 펼쳐야 하기 때문에 대부분 교장선생님들이 개인회원으로 역할을 해 주고 계십니다.

■ 1988년 9월 개인 회원 명단

지역사회학교 교장단 협의회 참가자 명단

성명	직위	소속	성명	직위	소속	성명	직위	소속
김근세	교장	청주주성국	김흥팔	교장	청원상아국	권오술	교장	보은보덕국
김현기		창신국	하경근		행정국	박상균		삼승국
이종찬		(전)중앙국	김성구		내수중	윤기동		보은중
이창수		(전)석교국	최흥구		미원중	임순재	학무과장	옥천군교육청
임흥순		한벌국	권현중		가덕중	장재달	교장	안내국
김철구		우암국	홍성철		충주교현국	전상위		증약국
정기영		석교국	김현수		삼원국	심흥섭		옥천중
차용후		교동국	허석범		예성국	김동섭		영동군영동국
안상만		서원국	허인행		남한강국	이창호		천태국
조시영		용담국	윤영식		단월국	전대흥		부상국
김성기		운천국	이인섭		충일중	박남하		부용국
이양우		내곡국	현계홍		중원대미국	이영회		영동농고
전해준		복대국	이조영		명서국	봉원기		진천매산국
윤의진		봉명국	진기두		수안보중	이창순		진천여고
이복규		금천국	이철호		가금중	이성희		괴산추산국
안시중		남성국	한표응		제천의림국	정성택		광덕국
박성갑		청남국	신현대		화산국	김학응		세평국
민재기		강서국	김인종		명지국	박은석		광진국
김천규		흥덕국	진태기		제천여중	김정렬		덕평국
김재섭		주성국	김종하		제천동중	최익주		증평여중
박문규		대성국	이진하		제원백운국	이혁재		음성원남국
정석기		청원현도국	유진달		금성국	김주칠		음성고
권순호		옥포국	이운봉		보은수정국	이선영		쌍봉국
노홍균		갈원국	차 헌		동광국	조성필		단양단양국
황원제		(전)부강국	이병완		삼산국	박우상		의풍국

■ 1990년 개인회원 현황

    해마다 회원이 증가하여 1990년대에는 160명으로 증가하였습니다. 27명이 가입한 것을 알 수 있습니다.

    이처럼 초중등학교장님의 평생교육 실천에 관심이 많은 것을 알 수 있습니다.

○ 회원현황

· 개인회원 : 160명

교장	교위과장	교육장	장학관	교감	장학사	연구사	교사	일반	계
138	1	3	4	7	2	2	1	2	160

○ 1990년 신입 개인회원

● 회원 가입을 진심으로 축하드립니다.

청주 : 이범준(덕성국교교장), 윤정용(강서국교장), 김석제(봉명국교장)
충주 · 중원 : 이종성(교현국교장), 채운석(단월국교장), 박노성(수룡국교장), 임은규(가흥국교장)
제천 : 송병년(남당국교장)
청원 : 홍순구(문의국교장), 이은규(각리국교장), 이갑식(현도중교장), 이상진(문의중교장)
옥천 : 유무현(삼양국교장), 조진옥(증약국교장), 김귀환(동이중교장), 이범식(안남국교장), 오한경
    (동이국교장)
영동 : 신성호(양강국교장)   괴산 : 김선용(칠성중교장)
음성 : 장병찬(대소국교장), 김학규(오선국교장), 이영숙(수봉국교사)
단양 : 이양호(여천국교장), 임동철(보발국교장), 김병호(영춘국교장), 이준룡(대곡국교장), 신현길
    (교육청 장학사), 심성구(교육청 장학사)

2.
초중등 75개교가 평생교육 실천하는
지역사회학교(단체 회원)에 가입하다

초중등학교가 지역사회학교 현판을 달고 초중등학교가 평생교육을 실
천하는 학교가 되다.

현판식의 이모저모

단체회원 가입을 환영 합니다.

▲제천동중

▲제천화산국

▲청주여고

▲충주 삼원국

▲충주 성남국

◀청주 흥덕국

▼충주 예성여중

▲음성 대소국

출처: 한국지역사회교육충북협의회, 충북새이웃 7호 (1990년 10월)

■ 해마다 증가하는 단체회원 : 평생교육 실천의지가 있는 지역사회학교 75개교 가입

1990년 5월 신규	・단체회원 : 31교 청주 : 복대국, 흥덕국, 용담국, 주성국, 청주여고 충주 : 성남국, 교현국, 삼원국, 달천국, 단월국, 남한강국, 대림국, 남산국, 충주여중, 예성여중, 충일중 제천 : 화산국, 의림국, 동명국, 제천동중, 제천고 청원 : 현도국, 내수중　　　　　　　　중원 : 주덕국, 세성국 괴원 : 유덕국, 송학중　　　　　　　　영동 : 영동농고 괴산 : 청천국　　　　　　　　　　　음성 : 쌍봉국, 대소국
1991년 7월 신규	・ **단체회원** 중원 수안보국교　　　교장 : 최근식　　　운영회장 : 천희정 중원 대미국교　　　　교장 : 조민식　　　운영회장 : 문옥희 중원 용원국교　　　　교장 : 박노임　　　운영회장 : 이옥영 제천 남천국교　　　　교장 : 허석범　　　운영회장 : 김개경 청원 강외국교　　　　교장 : 신봉식　　　운영회장 : 이순옥 청원 두산국교　　　　교장 : 진영진　　　운영회장 : 최병남 영동 영동국교　　　　교장 : 송진하　　　운영회장 : 김재숙

3.
평생교육을 추진할 활동가들이
지역사회교육운동 회원이 되다

　　평생교육 활동가 소그룹에는 퇴임한 지역사회학교 교장을 중심으로 한 평생교우회, 지역사회학교 운영회장(어머니회장) 중심으로 결성된 지역사회 교육봉사회가 있습니다.

　　그리고 부모교육 프로그램 참가자 중심으로 결성된 좋은 가정만들기 모임이 청주시와 음성 상성면에 있습니다. 또한 50여평 사무실을 확보하게 되면서 센터에서 이루어지는 프로그램 참가자 중심으로 결성된 소모임 회원, 대표적으로 새이웃 문학회 등 소그룹들이 지역사회교육협의회 개인회원으로 가입하고 적극적으로 활동하였습니다.

소그룹 모임에 함께 합시다.

지역사회교육 봉사회

하는 일 : – 무공해 비누를 만들어 보급
　　　　　– 방학중 자원지도자로서 청소년
　　　　　　교육담당
　　　　　　(청소년 예절교육 등…)
　　　　　– 지역사회 발전을 위한 일
　　　　　　(불우이웃돕기)
　　　　　– 회원 자질 향상과
　　　　　　친목을 위한 일
회원자격 : 본회 목적에 찬동하는 어머니

좋은 가정만들기 모임

하는 일 : – 월 1회 모여 토의를 통해 부모
　　　　　　역할 수행능력을 키우는 일
　　　　　– 부모와 자녀, 부부간, 고부간의
　　　　　　바람직한 관계를 형성하는 일
　　　　　– 지역사회 가정을 성장발전 시
　　　　　　키는 일
회원자격 : 본회 목적에 찬동하고 PET를 수
　　　　　료한 분 또는 PET 접수중인 분

새이웃 문학회

하는 일 : – 글 쓰는 법을 지속적으로
　　　　　　배운다.
　　　　　　(문학강좌, 월 1회 작품 토의)
　　　　　– 지역사회 발전을 위한 일
　　　　　　(새이웃 시낭송대회 등)
회원자격 : 문예교실 수료자

4.
차주원 후원회장님, 현대자동차 김용원 이사님이
재정 지원에 도움을 주다

지역사회교육협의회가 탄생된 다음 해인 1986년부터 지역사회교육운동 활성화를 위해 음성의 평곡 산업 차주원 대표님이 후원을 해주었습니다. 이후로도 지속적으로 지원해주었으며, 후원회장을 맡아주셨습니다. 현대자동차써비스 본부장님도 지역사회교육운동 참여했던 분으로 기꺼이 후원회에 가입하였습니다.

■ 돌을 황금으로 다듬어 봉사하는 숨은 공로자 차주원
(충북협의회 명예회장)

돌을 황금으로 바꾸는 사람! 따뜻한 이웃 따뜻한 사회를 만들고 싶어
하는 소박한 꿈의 실현을 위해, 고향을 중심으로 왕성한 사회활동을 펴고
계신 평곡산업 차주원 대표이사(58세).

그는 석가구(石家具)등 올 수출목표 1,000만 달러에서 얻은 수익금을
지역개발 · 사회사업의 일부로 내놓았다. 또한 한국지역사회학교 충북협의
회 후원자로서 '86년 11월 29일 충북 교육위원회가 마련한 단재교육상 공
로상으로 수상한 상금 일백만 원을 시상식 석상에서 충북협의회 운영보조
비로 희사하였다. '87년도에는 충북의 지역사회학교 운동의 활성화를 위하
여 이백만원을 보조하였으며, 앞으로도 매년 이백만 원씩 후원해 주시기로
하였다. 이 밖에도 민주통일협회 충북협의회장으로서 학교교육 및 교육시
설자원을 통한 교육발전에 공헌함은 물론 사회에 환원하여 어둡고 그늘진
곳을 밝게 비춰주는 등대수 역할을 해오고 있다.

충북협의회 차주원 명예회장 – 돌을 황금으로 다듬어 봉사하는 숨은 공로자

출처: 한국지역사회학교후원회(1988), 새이웃 6월호– 새이웃을 찾아서

뙤약볕이 유난스레 내리쬐던 오후! 본 기자는 직행 Bus에 몸을 의지하여 찬란하게 빛을 발하는 숲속을 가로질러 순식간에 음성 땅에 발을 내디뎠다. 낯선 곳이었지만 다듬어지지 않은 분위기 때문인지 더욱 정다웁게 다가왔다. 가로수 줄기를 따라 약 5분쯤 걸었을까? 아주 조용하고 상큼한 곳에 자리 잡은 2층 건물이 눈 안에 들어온다. 정중히 문을 두드렸다.

기자 : 차회장님의 고향은 어디신지요.

차 : 괴산군 증평원 송산리로 땅 한 떼기 없는 빈농의 집안에서 태어
났습니다.

기자 : 슬하에 자녀분은 몇 분이나 두셨고 현재 어떤 일들을 하고 계신
지요.

차 : 4남 1녀입니다. 장남은 회사에서 일을 보고, 둘째는 농장을 경영
하고, 셋째는 개인사업을, 넷째는 딸인데 출가했습니다. 막내는
군 복무중입니다.

기자 : 지역사회학교 운동에 참여하신 것은 언제부터이고, 어떤 동기에
서 였습니까?

차 : 참여하기 시작한 해는 '86년도로 충북협의회 김근세 회장님께서
충북에도 후원회가 결성되었으면 좋겠다고 하시며 제게 명예회장
직을 맡아 달라는 권유를 하였습니다. 제 생각에도 지역사회학교
란 좁게는 지역주민의 참여로 지역주민의 성장뿐 아니라, 학생들
의 교육이 효과적으로 될 수 있도록 도움을 주게 되므로 결국 지
역사회의 발전을 꾀하는 것이지요. 더 나아가서는 국가·세계의 발
전을 위한 길이라고 봅니다. 그러므로 지역사회학교운동이 보람
있는 일이라고 느꼈기에 회장님의 권유를 수락했습니다.

기자 : 제가 듣기로는 차회장님께서는 "「돌」을 「황금」으로 다듬어 사회에 봉사하는 숨은 공로자"라고들 하는데, 그러한 별명을 가지시게 된 이유는 무엇인 것 같습니까?

차 : (웃음) 사람들이 마음대로 평한 거지요. 제가 한 일은 적은데, 사람들이 과찬을 하는 것 같습니다. 지역사회는 역시 그 지역에 살고 있는 주민들이 상호 협력하여 아끼는 가운데 발전이 있다고 봅니다. 즉, 지역사회 발전이란 아름다운 미풍양속이 꽃 피는 데서 이루 어져야 한다는 것이니까요. 아마도 기업에서 얻어진 이윤의 일부나마 지역에 나누어 지역주민들에게 조금이나마 즐거움과 희망을 안겨 주면 좋지 않겠는가? 하는 생각에서 물질적으로나 심적으로 참여하다 보니 그러한 별명을 듣게 된 것 같습니다.

기자 : 지금까지 기업을 경영하시면서 기업인으로서 삼으신 경영철학이 있으시다면 무엇입니까?

차 : 저는 부끄러운 돈은 벌지 않습니다. 돈 버는 방법에는 두가 지가 있습니다. 국내에서 돈버는 방법과 외국에서 버는 방법이지요. 우리는 지구촌의 일원으로서 국제무대에 뛰어들어야 합니다. 그러므로 외국에 물건을 수출하여 돈 버는 방법이 국가의 이익을 위해 이롭다고 봅니다. 수출을 늘리기 위해서는 부단한 기술혁신

기자 : 을 통해 상품의 질을 높이는 것이라 생각합니다. 그래서 저는 기술혁신 부분에 주력을 해오고 있습니다.

기자 : 기업가로서, 지역사회학교 명예회장님으로서 뿐 만 아니라 여러 단체에 많은 도움을 주시고 계시다고 들었는데요. 주로 어떤 단체이며 어떻게 도움을 주시고 계십니까?

차 : 현 사회가 풍요로운(포근한) 것 같지만 빈곤(냉한) 속에서 사는 사람이 많습니다. 이들이 어려운 곤경에 처했을 때 손을 잡고 온기를 불어 넣어 주면 그들은 사회 일원으로서 긍지를 갖고 사회에 참여할 수 있습니다. 사회단체에 주로 도움을 주고 있습니다만, 물질의 받침, 육신의 받침이 될 기회가 주어진다면 즐겁게 사심 없이 참여하고 싶습니다.

기자 : 이제 60고개에 접어들면서, 정립하신 인생관이 있으시다면, 무엇인지요?

차 : 정립을 했다고 말하기가 어렵지만 우선 보금자리는 한국임을 항상 생각하고 살고 있습니다. 분단된 조국 현실을 생각할 때, 조국의 평화통일에 보탬이 될 수 있는 일을 하겠다는 마음을 가지고 있습니다. 지역사회란 공존 공화를 이루어야 합니다. 그러므로 인

재양성은 너와 나의 개개인의 문제가 아니라 서로 협력하여야 하는 것입니다. 장차 이 나라를 위해서 무엇보다도 영재 육성이 중요하므로 영재 육성에 기쁘게 참여해 오고 있습니다.

기자 : 후원자로서, 충북협의회에 또는 저의 단체에 바라고 싶은 점이 있으시다면 무엇입니까?

차 : 이 단체는 교육에 뜻이 있는 분들이 모이신 자리이므로 보다 나은 내일의 교육을 통해서 뭔가 더 나은 참된 인생의 의미를 부각시켜 주었으면 합니다. 그러기 위해서는 교육자들의 봉사가 뒤따라야 한다고 봅니다. 아울러 많은 발전 있으시길 바랍니다.

기자 : 바쁘신 가운데에도 인터뷰에 응해 주셔서 대단히 감사합니다. 앞으로도 지역사회학교 운동을 펴 ·나가는데 큰 힘이 되어 주시기를 바랍니다.

■ 후원금 지원 : 김용원 현대 자동차 써비스(주) 충북담당 이사

지역사회교육운동에 현대 자동차 써비스 부인회도 한몫

일 시 : 91년 6월 21일(금) 11 : 00

장 소 : 본 협의회 회의실

참석자 : 김용원(본 협의회 후원회 이사 / 현대 자동차 써비스(주) 충북담당 이사)
　　　　김근세(충북협의회장)

정 리 : 김영옥 간사

김근세 : 안녕하십니까? 바쁘신 분을 이렇게 오시게 해서 죄송합니다. 이
　　　　　사님을 진작 충북새이웃에 모시고 좋은 말씀 듣고 싶었는데 지금
　　　　　에서야 모시게 되었습니다. 우선 본협의회 후원회이사로서 많은

도움을 주셔서 진심으로 감사드립니다. 얘기 듣기로 이사님께서 15년 전부터 지역사회교육운동에 참여하신 것으로 알고 있는데, 참여하시게 된 동기는 어디에 있습니까?

김용원 : 76년 제 아이들이 서울 혜화국민학교에 다닐 때부터 참여했습니다. 그 때 제 처가 혜화학교에서 지역사회학교 활동에 열심히 참여하다가, 80년에는 지역사회학교 총무를 맡아보기도 했습니다. 혜화학교 운동회날 온 가족들이 함께 참여하여 같이 뛰고 같이 응원도 하였던 기억이 납니다. 가족이 한자리에 모여 즐긴다는 것이 쉽지 않은데 학교에서 그런 프로그램을 마련해 주어 매우 흐뭇했습니다. 그리고 오재경 선생님으로부터 지역사회학교운동에 대한 강의를 들은 일도 있었고, 특히 정주영 회장님께서 나오셔서 좋은 말씀을 해주셨는데, 회사에서 비춰졌던 그 모습하고는 또 다른 아주 인정미 넘치는 모습도 볼 수 있었습니다.

김근세 : 중앙에서 행사 있을 때 정주영 회장님을 만나 뵙게 되는데 그분 지론이 바로 이 지역사회교육운동을 통해 청소년을 잘 길러보자는 것입니다. 저희 또한 이사님께서 해마다 지원해 주시고 계시지만, 금년에도 그분께서 많은 자금을 내놓으셔서 전국적으로 여러 가지 사업을 펼치고 있습니다. 얼마 전에도 중앙협의회 주최로 프레스센터에서 청소년들이 직접 나와서 주장하는 "새이웃 광장"을

열어 성황을 이룬 바도 있습니다. 그러면 그때 그 자제분들은 지금 무엇을 하고 있습니까?

김용원 : 다행히도 아이들이 잘 커줘서 지금 큰 아이는 전공이 국제정보학인데 그 분야에 대해 더 공부하고자 지금 호주에 나가 있고, 둘째 아이는 대학 2년을 마치고 군에 입대했습니다.

김근세 : 제가 알기에는 이사님께서 충북에 내려오셔서 한 개뿐이었던 영업소를 지금은 도내 시·군은 물론 중부 인터체인지 들어오는 도로변에 커다란 사옥까지 마련하여 크게 확장시킨 공로가 크다고 들었습니다. 회사 운영철학에 대해서 말씀해 주셨으면 합니다.

김용원 : 저희 정주영 회장님께서도 항상 신뢰를 강조하시고 계신데, 저 역시 신뢰감 조성을 위해 직원 모두가 너와 내가 아닌 '우리'라는 하나되기 정신에 초점을 두고 회사를 운영해 나가고 있습니다. 그 하나되기 정신을 심어주기 위한 운동으로 사원 부인들이 한복을 곱게 차려입고 거리에 나와 꽃씨 나눠주기를 하였습니다. 그런데 부인들이 꽃씨를 나눠주며 자기 남편 명함을 끼워넣어 남편의 사기를 높여주는 모습도 볼 수 있었습니다. 또 하나는 단산한 전상사의 부인이 임신복을 임신한 사원 부인에게 물려주는 운동을 펼치고 있는데, 이 운동을 펼치고 보니까 직원들 생활이 검소해지

고 직원 모두가 하나가 되어 가는 것 같아 보기 좋았습니다.

김근세 : 어떻게 보면 부인회 활동이 지역사회교육운동하고 일맥상통하는 사업이라고 할 수 있는데 부인회 조직 경위와 활동에 대해 말씀해 주셨으면 합니다.

김용원 : 남편들의 직업이 자동차 판매 영업직이다 보니까 대인관계가 중요 하기 때문에 처음에는 부인들 몇몇이 남편의 용의단정을 위해 자 연발생적으로 85년에 부인회 모임이 이루어졌습니다. 부인들이 모 이다 보니 뭔가 자녀 교육에 도움이 될수 있는 활동을 해보자는 생각을 하게되어 자녀교육 강좌도 마련하고, 불웃이웃돕기 바자 회도 개최하고 아까 말씀드린 꽃씨 나눠주기 활동 등 여러 활동 을 하고 있습니다. 더욱이 충주는 부인회 사무실까지 마련하여 취미활동도 하고 있습니다.

특히 지난 2월과 5월에 지역사회교육 중앙협의회 김종서 상임부 회장님과 주성민 상무이사께서 강의해주신 자녀교육 강좌는 회원 들에게 큰 변화를 주었을 뿐 아니라 부인회를 활성화시키는 데 큰 힘이 되었습니다. 이 자리를 빌어 그런 기회를 제공해 주신 충 북협의회에 다시 한 번 감사드립니다.

김근세 : 감사합니다. 이 지역사회의 주민(학부모)들을 교육하는 것이 우리

의 일이기도 한데요. 얼마 전에 끝났지만 저희 회의실에서 있었던 효과적인 부모역할훈련에 현대 부인회원이 나오셔서 열심히 참여하는 모습도 볼 수 있었습니다. 아마 이사님 사모님께서 전에 지역사회학교 지도자이었기 때문에 부인회가 더 활성화되고 있는 것이 아닌가 하는 생각도 듭니다. 이사님께서는 회사 일 외에 여러 가지 사회봉사 활동도 많이 하시는 걸로 알고 있는데요, 충북협의회에도 많은 도움을 주실 뿐만 아니라 지난번 강서동에서 청소년들을 위해 좋은 일 하신 것이 신문에 났던데요.

김용원 : 특별한 것은 아니고요, 강서동에 있는 기관장들이 강서지역을 서로 협조하여 발전시키기 위한 일들을 하고 있습니다. 그중 한 가지로 강서동 동사무소에서 매년 여름, 겨울 방학 동안 노인들이 학생들에게 한문교육과 예절교육을 지도해 주고 있는데 그 교육이 잘 이루어지도록 다소나마 도움을 주고 있습니다.

김근세 : 소외되기 쉬운 노인들에게 그런 일감을 주고, 또한 학생들도 보람되게 방학을 지낼 수 있겠군요. 마지막으로 본 협의회에게 바라고 싶은 말씀이 있다면요.

김용원 : 이 지역사회교육운동은 봉사운동입니다. 저 또한 이 운동에 참여하게 된 것을 매우 기쁘게 생각합니다. 바라고 싶은 것이 있다면

저희도 열심히 돕겠지만 협의회가 기반을 잘 구축해서 이 지역사
회를 더 좋은 지역사회로 만드는데 큰 역할을 해 주었으면 합니다.

김근세 : 바쁘신데 이렇게 시간을 내주셔서 진심으로 감사합니다. 앞으로
충북의 지역사회교육운동의 발전에 큰 힘이 되어주시기 바랍니다.

평생교육사의 탄생과 역사 (1)

초판 인쇄	2025년 2월 21일
초판 발행	2025년 2월 28일
지은이	김영옥
발행인	조현수
펴낸곳	도서출판 더로드
기획	조영재
마케팅	최문섭
편집	문영윤
주소	경기도 파주시 광인사길 68, 201-4호(문발동)
전화	031-942-5366
팩스	031-942-5368
이메일	provence70@naver.com
등록번호	제2015-000135호
등록	2015년 6월 18일

정가 23,000원

ISBN	979-11-6338-310-9 (04370)
ISBN (세트)	979-11-6338-480-9 (04370)